MOTIFS

DES JUGES DU PARLEMENT

DE PROVENCE,

*QUI ONT ÉTÉ D'AVIS DE CONDAMNER LE P.
JEAN-BAPTISTE GIRARD, envoyez à M. le Chancellier,
le 31. Decembre 1731.*

ENSEMBLE

*La Lettre de ce Magiſtrat à Mr. le Preſident de Maliverny : La Réponſe de ce
Juge, & celle des autres Meſſieurs, qui ont été de ſon opinion.*

TROISIE'ME EDITION.

Avec des Notes critiques tirées de la Procedure & des Lettres écrites
d'Aix, ſervant de Motifs aux Juges de l'opinion contraire.

On a cité ces Lettres ſur la premiere Edition qui en a été faite à Aix.

M. DCC. XXXIII.

AVIS
SUR LES NOTES
Inſerées dans ces Motifs.

C'Eſt à regret que l'on eſt obligé de joindre des Notes critiques aux Motifs des Juges, qui ont crû le Pere Girard digne du feu ; plus ces Motifs s'éloignent des maximes & des regles dans les raiſonemens, plus ils manquent d'exactitude dans les citations, moins il ſemble qu'il faudroit mettre au jour des faits ſi propres à décrier la Magiſtrature & à faire gemir ſes Officiers.

Ce parti ſeroit ſans doute à preferer, ſi le Public trop inſtruit, mais trop mal inſtruit, n'avoit formé ſa déciſion, & s'il n'y avoit été confirmé en liſant dans ces Motifs adreſſez à M. le Chancellier, que les preuves des crimes du P. Girard, ſont d'une évidence plus forte que dans aucune autre Procedure, qui ait jamais paſſé ſous les yeux de la Juſtice, & qu'on n'a pû les balancer que par des égards & des preventions.

Après une telle déciſion de laquelle on n'oſe ſe méfier, parce qu'on ne ſoubçone pas que des Magiſtrats en impoſent au Chef de la Juſtice, il n'eſt plus permis d'attendre que le tems ou l'oubli ramenent les eſprits prevenus, il faut que ceux qui ont jugé ſi differemment une cauſe ſi évidente, (car on convient de part & d'autre de l'évidence des preuves) ſouffrent dans leur reputation la peine d'avoir ou condamné un innocent au feu, ou abſous ſciemment un coupable.

Il eſt vrai que les Lettres imprimées contenant les raiſons des Juges favorables au P. Girard, les juſtifient pleinement parmi les perſonnes qui prendront la peine de verifier les citations ſur la Procedure Imprimée que l'on vient de publier ; mais le plus grand nombre refuſera d'en prendre le ſoin, & parmi ceux-ci le plaiſir de trouver un Jeſuite coupable, l'Artifice ſeduiſant avec lequel les Motifs de ſa condamnation ſont conçûs, le nombre des Juges qui les ont ſignez, une autorité que l'on aimera à trouver égale, formeront du moins un doute, toûjours injurieux à ceux qui ayant exactement ſuivi les regles de leur devoir, ont droit de ſe plaindre des plus legers ſoubçons.

Voilà par quelles raiſons l'on a crû qu'il étoit neceſſaire de faire voir que les Motifs que l'on examine ici, ne doivent faire aucune impreſſion, parce qu'ils ſont remplis de citations peu éxactes, de principes mal fondez & de conſequences peu ſolides.

Il n'eſt que trop à craindre qu'au lieu de défendre l'honneur de la Magiſtrature, l'on ne faſſe que porter le Public à changer d'objet, & qu'il ne conſerve ſes diſpoſitions peu favorables aux Juges en général ; nous voudrions pour vaincre cette difficulté, qu'il nous fût permis d'aſſurer (comme il eſt très-aparent) que ces Motifs ſont d'une main étrangere malgré leur ſouſcription ; mais enfin puiſque dans les grands maux, lorſqu'ils ſont inevitables, un moindre mal tient lieu d'un grand bien, & qu'il faut neceſſairement ici, que le Public décide d'une maniere ou d'autre, un jugement ſain & ſolide de ſa part, ſera un grand bien comparé à l'erreur & à l'injuſtice de ſa premiere déciſion.

A

LETTRE

De Monseigneur le Chancellier , à Monsieur le Président de Maliverny.

MONSIEUR,

LE Jugement du Procès du Pere Girard a fait & fait encore un si grand bruit , que je ne puis me dispenser pour l'honneur de la Justice , d'entrer dans l'éxamen des motifs , qui ont paru produire une si grande contrarieté d'opinions entre les Juges. Il est difficile de concevoir comment il est possible que de vingt-cinq Juges , il y en ait dix qui s'accordent à croire un Accusé non seulement coupable, mais digne du feu, pendant que d'un autre côté , il y en a quinze qui sont convaincus qu'il ne merite aucune peine publique : en sorte qu'il faut que le même Accusé ait parû évidemment coupable aux uns , & évidemment innocent aux autres , puisque aucun n'a été d'avis d'ordonner qu'il seroit plus amplement informé.

Ce qui a été decidé à l'égard de la Cadiere paroît encore plus incomprehensible : Si elle étoit innocente pourquoi la condamner aux dépens ? Si elle étoit coupable , pourquoi ne la condamner qu'aux dépens ?

Comment d'ailleurs les quinze Juges qui ont cru devoir absoudre le Jesuite , ont-ils pû ne pas prononcer les peines les plus rigoureuses contre-elle, qui dans leur maniere de penser ne devoit être regardée que comme une Calomniatrice , & dans une matiere où il s'agissoit de la vie.

Enfin comment ceux mêmes qui ont été d'avis de faire brûler le P. Girard , ont-ils pû se dispenser de prononcer au moins des peines graves , si ce n'étoit pas celle de mort , contre la Cadiere ? Il s'agissoit de ce qu'on apelle un crime de deux : Il s'agissoit outre cela de la prophanation des choses les plus saintes , & c'étoit encore un crime commun aux deux Accusez. Il est vrai qu'en pareil cas le Confesseur doit être toûjours puni plus severement que la Penitente ; mais il est inoüi qu'en condamnant l'un, on prononce l'absolution entiere de l'autre.

C'est sur tout cela qu'il est de mon devoir de me faire donner les instructions & les éclaircissemens necessaires. J'écris à Monsieur Lebret dans cette vûë de m'envoyer les motifs de son opinion , & celle des Juges qui ont été de même avis que lui , & comme vous êtes le plus distingué des Juges qui ont embrassé l'opinion contraire, je m'adresse à vous , pour sçavoir aussi les motifs de cette opinion , que vous pouvez m'expliquer de concert avec ceux qui ont été du même avis. Je vous prie seulement de m'envoyer les motifs le plus promptement qu'il vous sera possible. Je suis ,

MONSIEUR,

Vôtre très - humble & affectionné Serviteur, DAGUESSEAU.

Paris le 14. Novembre 1732.

RÉPONSE de Monſieur le Préſident de Maliverny, à la Lettre de Monſeigneur le Chancellier.

MONSEIGNEUR,

Au retour de ma Campagne, onziéme de ce mois, j'apris que Monſieur le Premier Preſident, avant que de partir pour Lambesc, lieu de l'Aſſemblée des Etats de cette Province, avoit fait part à la Grand-Chambre d'une Lettre qu'il avoit reçuë de vôtre Grandeur, au ſujet de vôtre ſurpriſe ſur l'Arrêt rendu en l'affaire du P. Girard & de la Cadiere, & dit que vous en ſouhaitiez les motifs ; je m'informai de ceux des Meſſieurs qui avoient penſé comme moi, ſi M. le Premier Preſident leur avoit communiqué vôtre Lettre ; & comme ils m'aſſurerent qu'ils n'en avoient aucune connoiſſance ; nous crûmes que M. le Premier Preſident étoit chargé du tout, & nous étions tranquiles, inſtruits depuis long-tems de ſa droiture & de ſon exactitude. Lorſque je reçûs la Lettre que vous m'avez fait l'honneur de m'écrire, du 14. de ce mois, j'aſſemblai auſſi-tôt ceux des Meſſieurs qui ſe trouvoient ici, & je leur fis part de vos ordres, & tous enſemble nous avons fait ſçavoir vos intentions à ceux qui ſe trouvent dans leur Terre, comme M. le Preſident de Reguſſe, Meſſieurs de Montvert, de Trimond, & de Blanc, pour qu'ils euſſent à ſe rendre ici inceſſamment, afin de ſatisfaire à vos deſirs, & travailler conjointement à vous envoyer nos motifs. Vous verrez alors combien on vous en a impoſé, & ſur le nombre des Opinans, & ſur les opinions. J'ai l'honneur d'être avec un très-profond reſpect,

MONSEIGNEUR,

Aix ce 23. Novembre 1732.

Vôtre très-humble & très-obéïſſant Serviteur, MALIVERNY.

SECONDE RÉPONSE à la même Lettre de Mgr. le Chancellier de la part de Meſſieurs les Juges qui ont condamné le P. Girard.

MONSEIGNEUR,

Vous vous êtes ſans doute aperçû dans la Réponſe que Monſieur le Preſident de Maliverny a faite à la Lettre du 14. du mois dernier, dont vous l'avez honnoré, qu'à meſure qu'elle ne faiſoit que vous en annoncer la reception, il nous reſtoit l'obligation d'y repondre en commun, & que cette obligation étoit dûë aux articles qu'elle renferme. C'eſt donc aujourd'hui, MONSEIGNEUR, que nous nous acquitons de ce devoir : heureux que vous nous ayez fait la grace de nous expliquer vos doutes, plus heureux encore de trouver dans nôtre conduite des moyens faciles pour les diſſiper.

Vous êtes ſurpris, MONSEIGNEUR, & vous avez raiſon de l'être, du bruit qu'a fait & fait encore le Jugement qui vient d'être rendu du P. Girard & de la Cadiere, tout y porte à l'étonnement, l'Arrêt dans ſes diſpoſitions, les qualitez même qu'y prend M. le Procureur Général.

Il s'y dit , *querélant refpectivement* ; nulle plainte cependant refpective de la part du P. Girard contre fon Accufatrice ; 1.

1. *Monfieur le Procureur Général a dû prendre la qualité de refpectivement querelant , par la raifon qu'il quereloit refpectivement & le P. Girard & la Cadiere , c'eft-à-dire , tant le querelé que la querelante.*

Nulle même de la part du Vengeur public. 2.

2. *Faut-il d'autre p'ainte de fa part lorfqu'il eft feul Partie que fes Conclufions , pour faire decreter ceux qu'il veut pourfuivre.* Voyez les Lettres imprimées à Aix page 40.

Il s'y dit encore , (*querelant en calomnie* ,) action anticipée , puifqu'elle ne peut naître que de l'abfolution de l'Accufé. 3.

3. *Quel mépris pour nos Loix municipales ! Voici les termes de nôtre Statut raporté par Mourgues [page 179. de l'Edition de 1658.] Il nous plait pour la faveur & expedition de la Juftice , que par la même Sentence que le delat fera declaré innocent , par icelle même & de même fuite , foient condamnez ceux qui fe trouveront l'avoir accufé calomnieufement.*

Voilà , MONSEIGNEUR , ce qui fe prefente à la tête de ce Jugement , mais paffons aux Juges.

Il eft , dites vous , très-difficile de concevoir comment de *vingt-cinq Juges* il s'en foit trouvé dix diametralement opofez aux quinze autres , qui déclarent le Pere Girard innocent , fans que du nombre des vingt-cinq en tout , aucun ait été d'avis d'ordonner qu'il feroit plus amplement informé ; c'eft le premier doute de vôtre Lettre.

Pour le refoudre , MONSEIGNEUR , nous commencerons par vous affurer qu'on vous a fait un recit peu fidele du nombre , & de la teneur des opinions.

M. l'Abbé Charleval étant forti de la Grand-Chambre à la premiere opinion à la mort, le nombre de *vingt-cinq Juges* y fubfifta encore ; mais ces *vingt-cinq Juges* cependant ne formerent que 24. opinions , au moyen de la reduction de M. de Faucon , avec M. le Doyen fon oncle , en forte qu'il ne faut plus compter que fur vingt-quatre Juges. 4.

4. *Il faut compter fur vingt-cinq Juges & fur vingt-quatre Opinions.*

De ces 24. Juges il y en a eû douze à abfoudre le P. Girard des crimes à lui imputez , fi l'on y comprend M. le Doyen de Suffren. 5.

5. *Il y avoit douze Juges fans M. le Doyen , & puifqu'on le comprend il y en avoit donc treize.*

Qui fut d'abord à le bannir pour dix ans de la Province , & qui ne revint à l'abfoudre que lorfque les Juges favorables à l'Accufe , y ajoûtoient qu'il falloit néanmoins le renvoyer au Juge Ecclefiaftique pour le délit commun 6.

6. *M. le Doyen de Suffren ayant lû ce que l'on dit ici de lui , entra dans la Grand-Chambre le 21. Avril dernier , & fe plaignit hautement de cette fupofition , qu'il qualifia plufieurs fois de fauffeté & d'infigne impofture , traitant avec les termes du dernier mépris (que l'on n'ofe raporter) tous ceux qui avoient figné cette Lettre fans diftinction , fans qu'aucun de ceux qui étoient prefens ayent ofé répliquer un feul mot. Il fe plaignit dès le lendemain 22. à Mgr. le Chancellier & à Mgr. le Cardinal Miniftre , pour lui demander reparation de l'injure qu'on lui avoit fait , en lui attribüant d'avoir été capable de condamner le P. Girard à quelque peine.*

Des douze autres Juges il y en a eu dix qui opinerent à la mort contre l'Accufé , le onziéme , qui eft M. de Gallice , à l'enfermer pour le refte de fes jours , & le douziéme , (M. le Prefident de Grimaldy de Reguffe ,) fut à un plus amplement informé , avec le fecours du Monitoire , à ordonner que les témoins qu'on n'avoit pas confronté le fuffent , & à décreter cependant de prife de corps les cinq ou fix Stigmatifées, que la Cadiere avoit declaré dans fes expofitions , comme compagnes des mêmes defordres dans lefquels le P. Girard l'avoit jettée. Nous ne devons pas néanmoins vous laiffer ignorer qu'avant d'en venir au plus amplement informé, M. le Prefident de Grimaldy de Reguffe avoit annoncé en opinant qu'il étoit perfuadé , *que le*

P.

P. Girard étoit coupable de tous les crimes dont il se trouvoit accusé, mais que pour la reünion des voyes il croyoit cet avant-dire droit necessaire. 7.

7. M. le Président de Grimaldy s'est pareillement plaint à Mgr. le Chancellier, de ce qu'on a mis son nom au bas de ces motifs sans ordre, sans pouvoir & contre son intention, & du ridicule que l'on donne ici à l'opinion qu'il a portée.

Delà vient qu'ayant été proposé à M. le Président de Grimaldy de se ranger, de même qu'à M. de Gallice, puisqu'ils étoient seuls de leur opinion, ils répondirent l'un & l'autre de ne pas l'éxiger, *parce que la chose ne seroit selon eux aucun changement à l'Arrét.*

Vous voyez donc, MONSEIGNEUR, par ce recit fidele que le partage des opinions a fait seul l'absolution du P. Girard, & que si d'une part on vous a mandé que cet Accusé avoit eu quinze voix pour lui des vingt-cinq, & qu'aucun des Juges n'avoit été à une plus ample information, on nous a du moins laissé de l'autre tout l'avantage de la verité. 8.

8. Le peu que nous venons de voir ne donne pas cette idée, & les observations qui suivent n'en laisseront pas la moindre trace; si Mrs. de Grimaldy & de Gallice ne reduisirent pas leurs opinions, c'est qu'il n'y avoit aucun lieu de douter, qu'ils n'eussent preferé l'opinion la plus douce à l'opinion de la mort & du feu, & comme il ne peut y avoir que deux avis, auxquels les autres en moindre nombre sont necessairement obligez de se reduire, il est donc vrai que n'y ayant eu que dix voix à la mort, toutes les autres voix ont également servi à l'Arrêt, qui a mis le P. Girard hors de Cour & de Procés; & par conséquent, c'est avec raison qu'on avoit mandé à M. le Chancellier, que l'Accusé avoit eu quinze voix pour lui de vingt-cinq. Il est impossible que M. le Chancellier ait ignoré l'avis de Mr. le Président de Grimaldy, & s'il a été surpris, ce n'a été que de voir qu'aucun des dix Juges qui ont opiné à la mort, n'ait pris le parti d'une plus ample information, plûtôt que de se déterminer sur des preuves si foibles.

Tout le reste de vôtre Lettre, MONSEIGNEUR, porte sur la Cadiere.

Pourquoi la condamner aux dépens, si elle est innocente; & si elle est coupable, pourquoi ne la condamner qu'aux dépens? ce sont là les termes respectables.

Les douze Juges qui avoient opiné contre le P. Girard ne penserent jamais condamner la Cadiere aux dépens. La conviction des crimes de cet Accusé affranchissoit leur esprit de toute sorte d'idée, de calomnie, & de complot de la part de cette Accusatrice. 9.

9. Les dépens n'ont pas été la peine de la calomnie & du complot, elle seroit bien legere & bien peu convenable, mais le P. Girard fut mis hors de Cour & de procès avec dépens, pour le tems auquel la Cadiere étoit querelante, par la raison que toute Partie qui succombe, doit toûjours & dans tous les cas, être condamné aux dépens suivant l'Ordonnance de 1667. titre 31 art. 1.

Et les Juges qui étoient d'avis de mettre le P. Girard hors de Cour & de Procès, sentoient parfaitement que s'ils ne trouvoient pas des preuves suffisantes pour condamner le Jesuite au dernier suplice, ils en avoient du moins assez pour ne pas regarder la Cadiere comme Calomniatrice. 10.

10. Ils la regarderent au contraire comme coupable des plus grandes impietez & d'un excès d'Irreligion, pour raison dequoi ils furent d'avis de la faire enfermer pour toute sa vie dans une maison de force, ce qui est bien au delà d'une simple condamnation aux dépens.

Vous avez au surplus raison, MONSEIGNEUR, de douter que si nous avions crû la Cadiere coupable de calomnie, nous l'en eussions tenuë quitte pour les dépens; mais comme nous ne pouvions pas regarder le P. Girard du même œil que les douze autres Juges, les charges de la Procedure, les réponses de l'Accusé, & ses aveus, ne nous ont pas permis de le faire. Nous devons même avoir l'honneur de vous dire, & c'est ici le lieu de le faire, que des douze Juges qui déclarerent le P. Girard innocent des crimes qu'on lui imputoit, il y en eut un, (M. le Doyen de Suffren,) qui fut d'avis de mettre la Cadiere hors de Cour & de Procès. 11.

11. C'est une suite des supositions dont Mr. le Doyen de Suffren s'est plaint.

Avis, qui étoit déja celui de M. le Président de Grimaldy : ensorte que vous voyez, MONSEIGNEUR, que cette Accusatrice a encore eû pour elle le plus grand nombre des Juges.

Il ne nous reste plus, MONSEIGNEUR, qu'à répondre à la maxime si connuë, que s'agissant ici d'un crime de deux, il ne falloit pas moins condamner la Pénitente à des peines rigoureuses, mais cependant toûjours au-dessous de celle du Confesseur.

Cette maxime non plus que l'esprit de la Loi ne nous eussent pas échapez, si nous avions été à portée de les mettre en œuvre ; mais il nous paroissoit qu'il falloit pour cela que le P. Girard eût été condamné à quelques peines ; mais dès lors que le P. Girard se trouve absous, & que ce n'étoit même que par le partage des voix. 1 2.

12. *Quel partage quinze Juges contre dix.*

Pouvions-nous jamais, nous qui le jugions digne du dernier suplice, infliger la moindre peine à la Cadiere ? leur sort ne doit-il pas être égal ?

Il vous plaira encore d'observer, MONSEIGNEUR, sur l'article de vôtre Lettre, qui parle de la profanation des choses saintes, que le crime étant un crime de deux, ainsi que vous le pensez, le Jesuite étant mis sur ce fait hors de Cour & de Procès, la Cadiere devoit l'être nécessairement aussi. 1 3.

13. *Le Jesuite avoit-il quelque part aux Scenes de possession imaginées & executées pour le perdre ? N'est-ce pas la Cadiere qui avoit profané les choses Saintes par ses impietez, & en crachant sur l'Etole & sur le Crucifix, pour contrefaire la Possedée ? (V. les Lettres p. 2 ✱ ✱.)*

Puisque le renvoi que l'on a fait du Jesuite à ses Superieurs Ecclesiastiques, ne peut pas embrasser le cas privilegié.

Il nous semble, MONSEIGNEUR, que nous ne pouvions rien employer de plus aux éclaircissemens que vous avez desiré de nous par vôtre Lettre ; mais cependant nous nous flatons de tirer de bien plus grands avantages des motifs particuliers que nous aurons l'honneur de vous envoyer, pour justifier nôtre opinion, & nous osons esperer que vous ne les aurez pas plûtôt comparez avec la Procedure, que vous les trouverez fondez sur les charges, sur les réponses, & les aveus de l'Accusé, & sur ce qui se presente de plus décisif dans le cours de l'instruction de cette grande affaire. 1 4.

14. *On va voir au contraire qu'il n'y a peut-être pas une seule citation exaste, & pas une seule preuve qui ait la moindre solidité.*

Cependant nous ne pouvons nous dispenser de vous dire, que nous sommes encore à attendre que le Greffier de la Cour nous remette sans déplacer la Procedure, que nous avons demandée pour fonder nos motifs avec exactitude, & vous donner des éclaircissemens justes & précis de nos opinions : Du moment que nous l'aurons, nous obéïrons à vos ordres. Nous avons l'honneur d'être, avec un respect infini,

MONSEIGNEUR,

Vos très-humbles & très-Obéïssants Serviteurs
MALIVERNY, PEIROLLES, MONTVERT,
RICARD, SAINT-JEAN, NIBLES, GALLICE,
MOISSAC, LA BOULIE,
Monsieur le Président DE REGUSSE, Messieurs
DE TRIMOND, & DE BLANC, absens.

Aix le 11. Novembre 1732.

MOTIFS

DES JUGES DU PARLEMENT DE PROVENCE,
qui ont été d'avis de condamner *le Pere* JEAN-BAPTISTE GIRARD,
Jesuite, 15.

15. *Pourquoi ne pas dire*, qui ont été d'avis de condamner au F E U?
Envoyez à M. le Chancellier le 31. *Decembre* 1731.

LE premier crime, & la source de tous ceux que la Justice devoit poursuivre dans ce grand Procès, est un sacrilege abus dece qu'il y a de plus saint dans la Religion, à la faveur d'une fourberie 16.

16. *La fourberie ne pouvoit être que de la part de la Cadiere; on n'a jamais donné ce nom aux Sor-*
tileges, aux Incestes Spirituels, & autres crimes dont le P. Girard étoit accusé.

Qu'on ne pouvoit trop punir. De l'aveu des deux principales Parties; l'une d'elles étoit dans la bonne foi. Est-ce donc le Directeur qui a seduit la Pénitente, comme elle a osé s'en plaindre? Seroit-ce la Pénitente qui auroit trompé le Directeur, comme il l'a dit dans tout le cours de ses défenses? 17.

17. *Il n'etoit pas question de séduction de la part du P. Girard, la Cadiere l'accusoit d'avoir abusé*
d'elle à son insçû, à la faveur des Extases produites par un ensorcellement; elle ne s'est jamais départie
dece sisteme d'accusation.

Dans cette étonnante alternative nous avions à nous défendre nous-mêmes de l'artifice; & nôtre unique attention étoit de démêler la verité & l'innocence à travers tous les déguisemens qui pouvoient les obscurcir ou les faire méconnoître.

S'il falloit juger la Question par les Maximes générales, par les presomptions de droit, la disposition des Ordonnances, & la Jurisprudence des Arrêts: Que de raisons contre l'Accusé! Le Sçavoir, le Caractere, la difference d'âge, & même de sexe, tout parle contre lui. En regardant cette affaire comme une simple querele en rapt, elle est toute decidée en faveur de l'Accusatrice? 18.

18. *Si une accusatrice se disoit ravie contre son gré au moyen d'un souffle enchanteur, & des Exta-*
ses Magiques, la question seroit toute décidée contre elle.

On voit ici d'un côté les dehors & la conduite d'un Ravisseur qui prend toutes les voyes de persuasion pour parvenir à ses fins; 19.

19. *Y auroit-il quelque chose à persuader à une fille qui se livreroit sans le sçavoir dans le tems où*
ses sens seroient alienez?

Et de l'autre une jeune personne susceptible d'impressions dangereuses, forcée de publier son infamie, & dont les Loix respectent le témoignage. (a) 20.

20. *Ne diroit-on pas qu'il soit question d'une fille de 12. à 13. ans, qui ignore les consequences de*
ce qu'elle va publier, elle avoit pourtant 20. ans passez, & publia bien volontairement son infamie,
puisque l'Official ne l'interrogea uniquement que sur ses pretendus Miracles, & sur ses accez de possession
ou d'obsession.

Mais nous nous sommes d'abord défiez de la généralité des regles, sans

(a) L'Official accompagné de deux Commissaires, du Promoteur & du Greffier Episcopal, acceda dans sa Maison le 18. Novembre 1730. & après lui avoir fait prêter le serment, lui fit subir une interrogatoire, ce qui donna lieu à l'exposition qu'elle fit le même jour au Lieutenant Criminel.

pourtant nous en départir, nous avons pensé que la qualité des personnes devoit en faire suspendre l'aplication, que le motif & l'intention pourroient sauver l'imprudence de la conduite, & que s'il falloit donner quelque chose aux aparences, elles devoient être en faveur du Directeur.

Nous avons encore, en jugeant définitivement, comme perdu de vûë tant d'iregularitez qui environnent, ou qui infectent la Procedure; 21.

21. *On ne devoit jamais parler ainsi d'une procedure confirmée par l'Arrêt le plus solemnel après quatorze Audiences.*

La démarche inoüie d'un Juge d'Eglise qui accede chez un Laïque pour lui faire subir un interrogatoire, 22.

22. *C'étoit un simple Verbal d'audition auquel assisterent les deux Curez & le Promoteur. Ce n'est point ainsi que les querelés sont interrogez, & la Cadiere n'étoit pas querelée alors. (V. les Let. p. 33.) D'ailleurs cette démarche étoit necessaire; falloit-il dissimuler que le P. Girard venoit d'être publiquement declaré la veille Sorcier & Impudique, par le pretendu Démon de la Cadiere exorcisée sans pouvoir? Falloit-il diriger une procedure scandaleuse & diffamante contre le Directeur Sorcier, avant que d'avoir entendu la pénitente possedée?*

L'emprisonnement (a) de l'Accusatrice, & de deux principaux témoins dès le commencement de l'information; 23.

23. *Si les trois fausses possedées que l'on cite à la Note (a) n'avoient été tirées des mains de leurs Exorcistes, leurs accidens n'auroient pas cessé comme ils firent d'abord; le succès justifie la sagesse de cette conduite, elles furent non emprisonées, mais mises dans des maisons Religieuses. (v. les Lettres p. 31.)*

Eclat si propre à jetter la terreur dans les esprits, à priver l'innocence de tout secours, & à écarter les preuves du crime: l'élargissement de l'un d'eux, peu de tems après avoir été arrêté, & de l'autre, après l'avoir merité par son recollement & sa confrontation: 24.

24. *Ce fait est absolument avanturé (v. les Lettres p. 32.)*

Un simple Decret d'assigné contre l'Accusé, des Decrets d'ajournement contre l'Accusatrice, ses Freres, & son dernier Confesseur sans plainte juridique, sans Accusateur, sans Partie, lors même qu'il n'y en pouvoit point avoir: 25.

25. *C'est là un nouveau mépris pour l'Arrêt du 30. Juillet 1731. qui a confirmé tous ces Décrets, & une veritable illusion de dire, que la Cadiere & ses complices n'étoient pas legitimement querelez: (v. les Lettres p. 40.)*

La maniere dont elle a été traitée dans les lieux où l'on l'a détenuë; 26.

26. *Elle a été traitée par tout avec charité & bonté, & toutes ses plaintes n'étoient qu'une indigne supposition de sa part, pour s'attirer, comme elle a fait, la faveur du Public.*

L'affectation du Promoteur, de ne faire entendre des Témoins qu'à la dé- charge de l'Accusé, & à la charge de la Querelante; 27.

27. *Fait démenti par les dépositions du Curé Giraud, de Jaufret & de Juliene, 2. 9. & 12. tem. asignez à la Requête du Promoteur.*

Le scandaleux arrangement de ces mêmes Témoins, toûjours placez à la queüe de ceux de l'Accusatrice, pour en détruire les dépositions, 28.

28. *Autre fait contraire à la verité (v. les Lettres p. 34.)*

Et preparer à l'Accusé des faits justificatifs, qui ne pouvoient être proposez, suivant les regles, que sur le coup du Jugement, & après la visite du Procès, 29.

29. *Quel abus des Regles! Y a t'il le moindre raport entre les faits justificatifs proposez avec certaines formalitez indispensables, & les faits déposez par les témoins dont l'accusé tire sa justification?*

L'omission des Censures Ecclesiastiques déja ordonnées par l'Official, & si necessaires dans la nature de cette cause: 30.

30. *Ce regret sied-il bien à des Juges qui ont trouvé le P. Girard digne du feu? Manquent-ils aujourd'hui de preuves pour justifier leur opinion malgré l'audition de 113. Témoins?*

(a) De la Cadiere aux Ursulines, dirigées par les Jesuites, de l'Allemande, au bon Pasteur, de la Battarelle au Refuge.

Le (*a*) refus de confronter tant de Témoins , qui faifoient charge contre l'Accufé , 31.

31. Aucun témoin non confronté ne faifoit charge , à la referve de Juliene 12. tém. affignée par le Promoteur , que la confrontation auroit fait rejetter comme parente de la Cadiere , & femme d'Artigues fon agent, fon folliciteur & fon confeil ; on fe plaint ici de ce défaut de confrontation , & l'on cite fon témoignage en 4. differens endroits. Quelle contradiction ! Quelle injuftice de tirer des preuves d'un témoin non confronté !

Et de décreter fuivant la requifition des Gens du Roy , & nos defirs perpetuels , certaines Pénitentes de ce Jefuite , qu'on difoit avoir une malheureufe conformité avec celle qui étoit déja fous la main de la Juftice. 32.

32. On le difoit parmi les Partifans de la Cadiere , mais les témoins ne le difoient pas , & d'ailleurs on ne décrete jamais aucun témoin qu'en jugeant au fonds , parceque l'on ne fçauroit connoitre plûtôt la qualité de leur témoignage.

Les pouvoirs indéfinis qui ont été laiffez à un Confeffeur accufé de crimes fi énormes , & dont il s'eft fervi pour continuer fa direction à l'égard de plufieurs Pénitentes qu'il faifoit produire en Témoins par le Promoteur : 33.

33. Les pouvoirs laiffez au P. Girard ne marquent que l'eftime que fon Evéque avoit pour lui ; un Directeur prudent felon la chair , comme l'on dira bientôt , auroit ceffé de confeffer , & n'en auroit pas moins fait dépofer fes pénitentes ; on veut parler ici de la Guiol, de la Laugier , de la Reboul & de la Gravier 3. 4. 6. & 13. tém. toutes également indiquées par la dépofition du Curé Giraud 2. tém. & que le Promoteur ne pouvoit par confequent fe difpenfer de faire affigner pour dépofer.

Enfin , ces déboutemens coup fur coup contre la feule Accufatrice & fes adherans , de prefque toutes les Requêtes , & de divers incidens qui fe font jugez dans le cours de ce Procès. 34.

34. Et dequoi pouvoit-on débouter le P. Girard , qui n'a jamais prefenté de Requête ni formé d'incident ? (v. les Lettres p. 40.)

Malgré tant de confiderations qui ne previennent pas en faveur de l'Accufé , nous nous fommes néanmoins reduits à puifer dans le fond même de la Procedure , & les piéces qui y font jointes , dans les dépofitions des Témoins , & les aveux des délats , les raifons de détermination , comme les plus capables de produire un Jugement tel que l'éxigeoient de nous la Religion , l'ordre public , l'interêt de la verité & de la Juftice. 35.

35. On va voir combien peu ces grandes Regles ont été fuivies ; mais ce que l'on ne verra pas dans ces motifs , c'eft que l'on ait fait aucune mention des aveux du Carme , du Dominicain & de l'Abbé , de leurs contradictions & de leurs refus de répondre fur les Interrogats preffans. (v. les L. p. 56. & fuiv.)

Le Pere Girard a été jugé le premier , & c'étoit le feul qui fut Querelé juridiquement. Nous l'avons envifagé fous deux raports differens ; comme Confeffeur & Directeur tout enfemble , & comme Accufé. Nous avons éxaminé fous le premier point de vûë le merite de l'accufation formée contre lui , & fous le fecond , la maniere de fe défendre , & les Moyens qu'il a employés à cet effet. 36.

36. Voilà une divifion pour un difcours Academique ; on devoit encore examiner le caractere des accufez , les preuves des fourberies de la Cadiere , & du complot de fes Freres & du Carme , ou nous aprendre par quelle raifon on ne s'y eft point arrêté , la Cadiere, par exemple , ne pouvoit répondre en Latin à fes Exorciftes, qu'après avoir concerté fes réponfes avec eux , à moins qu'on ne dife avec le Carme que le Demon parloit par fa bouche ; pourquoi diffimuler ce fait & tant d'autres de cette importance ?

(*a*) Requête du 13. Août 1731. rejettée.

PREMIERE PARTIE.

Le Pere Girard Confeſſeur & Directeur.

SORTILEGE.

On nous a d'abord preſenté ce Jeſuite comme coupable d'avoir uſé d'enchantement magique. La ſingularité de l'accuſation la rendoit incroyable; les faits cependant meritoient nôtre attention; les deux extremitez étoient vicieuſes, & il y avoit également du danger entre tout croire, & ne croire rien. Dans un eſpece déquilibre & un raiſonnable temperemment, nous avons aprofondi le merveilleux de cette cauſe avec d'autant plus de ſoin qu'il nous ſembloit couvrir plus d'infamies.

Les prodiges ſont de deux eſpeces, mais tous attribuez à des ames extraordinaires & privilegiées. Les uns paroiſſoit des faveurs du Ciel, & les autres des operations du Démon. On a dit de la Cadiere, *que Jeſus-Chriſt avoit retracé ſur ſa perſonne tout le Myſtere de ſes Douleurs; qu'il lui avoit donné un morceau de ſa Croix; qu'elle communioit miraculeuſement; que dans ſon lit elle ſuivoit exactement le Prêtre qui diſoit la Meſſe; qu'elle connoiſſoit le ſecret des conſciences.* (a) 37.

37. *Par ces mots, on a dit de la Cadiere, on cache que c'étoit la Cadiere elle-même qui parloit de tous ces prodiges, cependant elle & ſes Freres ont été plus ſinceres, & ont parlé non de traces miſterieuſes, mais de Stigmates reçües le Vendredi ſaint, comme dit la Cadiere ſur le 75. Interrogat; le Jacobin ſon Frere ajoûte ſur le 73. qu'il voyoit trembler le lit de ſa Sœur à l'impreſſion de chaque playe, aux mains, aux pieds, & au coup de lance au côté; c'étoit elle enfin qui parloit d'une Croix venüe du Ciel, bien qu'elle l'eût fait travailler à un de ſes parens, qui imitoit ſi bien les geſtes d'une perſonne qui Communie, que les Aſſiſtans y étoient trompez, & qui diſoit connoître le ſecret des conſciences ; (v. les Lettres p. 3. & ſuiv.)*

Elle de ſon côté a raconté des viſions, d'abord impures & horribles; enſuite douces & agreables, 38.

38. *C'eſt dire bien préciſément qu'elle ne racontoit pas les faux Miracles dont on vient de parler.*

L'on a ajoûté le recit d'un grand nombre d'accidens convulſifs & ſinguliers, que l'on imputoit à Satan, parce qu'il n'eſt pas ordinaire que le Seigneur afflige ainſi ſes Créatures; 39.

39. *Il n'eſt pas ordinaire que les Créatures du Seigneur ſoient affligées par des accidens convulſifs; il faut donc les imputer à Satan. Il ſeroit difficile d'imaginer de plus étrange principe, & de plus bizarre conſequence.*

Et l'on remarque à cet égard un mêlange d'operations divines dans un tems, diaboliques dans d'autres.

Si tout ce merveilleux ne conſiſtoit que dans ce que la Cadiere nous aprend d'elle-même, on auroit lieu de s'en méfier comme d'un artifice ou d'un trait d'imagination; mais ce ſont ici des faits réels, qui pour être nouveaux ne doivent pourtant pas être rejettez, parce qu'ils ſont atteſtez par des perſonnes dignes de foi. (b)

(a) Meſſire Giraud 2. Témoin. Claire Berarde 11. & 22, Juillet. Lettre du P. Girard du 22. Août 1730. Sœur Marie de l'Eſcot, 20. dans ſon recollement. Sœur Catherine Raimbaud, 22. Sœur Marie Guerin 26. Sœur Aubert. Abbeſſe de Sainte Claire d'Ollioules, 19. Sœur Claire Guerin, 27. Marion Hermitte, 94. Aveu du Pere Girard au 26. Interrogatoire. Lettre de la Cadiere du 21.

(b) La Sœur de l'Eſcot 20. Sœur Catherine Raimbaud 22. Sœur Marie Guerin 26. Claire Attigues 36. Meſſire Camme 47. Marguerite Ricaude 55. Marion Hermitte 94. Et les Témoins ci-deſſus.

Ils ne nous ont pas parû d'ailleurs d'une nature à pouvoir être imitez & propres à suspecter l'Accusatrice. 40.

40. Les seuls qui paroissent au dessus de l'imitation sont les Stigmates & le Latin parlé par une fille sans étude, & c'est precisement ceux-là que l'on passe sous silence.

La malice humaine ne pouvant produire *ce roidissement des membres.* (*a*) *Cette tension de la peau comme si c'étoit celle d'un tambour, ce gonflement du col au niveau du menton, ces convulsions si effrayantes,* même aux personnes de l'art, 41. (*b*)

*41. La malice humaine produit des effets bien plus surprenans ; ceux-ci étoient si peu effrayans aux personnes de l'art & aux Curez, que le chirurgien alloit apliquer les ventouses, que la Cadiere n'attendit pas pour revenir, & que les Curez declarerent expressement, que ce n'étoit pas là un cas d'Exorcisme. (v. les Lettres p. 1 **)*

Et des Curez ; ensorte que *trois hommes avoient beaucoup de peine à contenir* (*c*) *celle qui en étoit agitée,* & autres simptomes semblables & surprenans arrivez également à d'autres Pénitentes (*d*) du Pere Girard, 42.

42. De tout ce qu'on cite suiv. la lettre (d) ce qui regarde la Laugier est inutile, & l'on ne devoit point comparer cette fille, qui dans un délire prête à se jetter par la fenêtre cracha sur le Crucifix, avec la Cadiere qui commit cette impieté de sang froid pour paroître possedée : les Extases de la Guiol & de la Reboul quand elles seroient prouvées, ce qui n'est pas, n'ont aucun raport aux Stigmates, ni aux accez de possession ; & la Joinville est la seule qui dise avoir vû une égratigneure au dos de la main de la Laugier. Mais d'où vient que l'on ne cite ni l'Allemand ni la Battarel, ces deux fameuses possedées exorcisées par le Carme, déja qualifiées de principaux témoins. Voilà ce qu'on apelle avoir de simptomes semblables à ceux de la Cadiere, cependant on n'en fait aucune mention, tant la fourberie de leur part paroit évidente, même aux Auteurs de ces Motifs. (v. les Lettres p. 7.)

Pourroit-on soubçonner la Cadiere de les avoir dressées pour joüer une si étrange comedie, dans un tems où les unes & les autres de ces Filles ou Femmes, étoient dévoüées sans réserve à leur Directeur, & avoient une obéïssance aveugle à ses ordres & à sa volonté ? 43.

43. Ce sont là des exagerations sans preuves qui ne signifient rien.

Ce point du Procès étoit donc bien interessant & bien décisif, & tout nous obligeoit à chercher la veritable cause de ses prodiges ; peut-être qu'on l'auroit trouvée, si l'on avoit eû soin de decreter dès le commencement les principales Pénitentes du P. Girard ; 44.

44. Decreter des Pénitentes avant que d'avoir décidé sur le crime du Directeur, auroit été une vexation, d'autant plus injuste, que le Directeur a été dans la suite reconnu innocent.

Mais elle doit passer pour inconnuë faute de l'avoir aprofondie, ou faute de la pouvoir fixer. 45.

45. Si la cause des prodiges doit passer pour inconnuë, pourquoi donc les attribuer au P. Girard comme Sorcier ou comme Quietiste ?

Mais qu'avons nous dû penser lorsqu'à la derniere confrontation mutuelle, la Cadiere a soûtenu à son ancien Directeur, que l'ayant consulté au sujet de la vision dans laquelle il lui fut inspiré *d'accepter une obsession pour delivrer une ame du peché mortel,* il l'obligea à s'y soumettre malgré la répugnance qu'elle y avoit, 46.

46. Ce qu'on a dû penser, c'est que la Vision étant de l'invention de la Cadiere, la repugnance dont elle parle est ridicule, c'est pour couvrir cette ridiculité que l'on dit ici, qu'il lui fut inspiré : Mais qui le croira ?

(*a*) Messire Guandalbert 1. Messire Giraud 2. Loüis Remouil 5. Clement Garnier 7. Claire Estienne 10. Claire Berarde 11. Loüis Remoüil fils 14. François Garnier 15. François Calas 17. Claire Artigues 36. Claire Beringuier 37. Marion Hermitte 94.

(*b*) François Caudeiron 48

(*c*) Témoins 14, 15. 16. 17.

(*d*) Anne Bellone 46. Margueritte la Pose 52. Marie Laugier 53. Elisabeth Gueite 96. Therese Villeneuve 99,

Catherine Joinville 100. Catherine Ferrand 108. parlent des accidens de Marie-Anne Laugier, & de ses stigmates, & la Cadiere confrontée avec elle, lui soutiot les avoir visitez par ordre du P. Girard.

La Guiol, la Reboul, autres Penitentes du P. Girard, ont été vûës en extase par les Sœurs Aubert, de l'Escot, & Guerin, 19. 20. & 26. Témoins, dans leur confrontation avec la Cadiere.

Et qu'il la reduifit à prononcer ce pacte; *Qu'elle fe livroit (a) & s'abandon-
noit à tout ce qu'il exigeroit , pour faire , pour dire , pour agir , & pour fouffrir , &
que dès lors elle éprouva en elle des operations extraordinaires , accidens convulfifs ,
vifions obfcenes , dont elle fe plaignoit à lui.* A ces mots l'Accufé l'interrompit ,
en difant , qu'il n'avoit jamais crû qu'elle fût obfedée , & qu'il avoit fufpen-
du fon jugement. La Querelante perfifta , & ajoûta , *Que non-feulement il
l'avoit livrée à cet etat ; mais qu'il y avoit auffi plongé plufieurs de fes Pénitentes , telles que font* la Guiol , la Reboul , la Gravier , la Laugier , la Veuve Allemand,
& la Battarel , *& que s'il avoit porté les quatre premieres à commettre un parjure ,
il fçavoit que les deux dernieres le lui avoient foûtenu en face ,* 47. (b)

47. *Il n'y a pas un feul mot de tout cela dans le Verbal du Greffier ; la Cadiere étoit trop rufée pour
parler ainfi ; elle fçavoit que loin d'avoir foûtenu au P. Girard qu'il les eut livrées dans ce bizarre etat ,
l'Allemand & la Battarel avoient fait fon éloge dans leurs dépofitions. (v. les Lettres p. 49.)*

Sur quoi le P. Girard ayant dit que les accidens de la Laugier étoient
des vapeurs , & que la Battarel étoit un efprit foible. *Pourquoi-donc ,* repliqua
la Cadiere , *n'avez-vous traité ces accidens de vapeurs que depuis que la Juftice a
connu de cette affaire ?* 48.

48. *Les vapeurs de la Laugier font prouvées par le Chirurgien même qui la traitoit , c'eft le 75.
témoin , & par les 67. 77. &c. La foibleffe d'efprit de la Battarel , eft juftifiée par fa propre dépofition ,
dont la moindre extravagance eft , que le Sauveur s'étoit englouti en elle , & qu'elle n'étoit plus
qu'un avec lui ; enfin la réplique que l'on attribuë ici à la Cadiere eft puerile , & ne méritoit pas qu'on
fît les frais de fuppofer tout le refte en fa faveur.*

Enfin la Veuve Allemand fe recrie , en lui adreffant la parole : (c) *On
diroit que les dons du Ciel font chez vous aux encheres , en les voyant fi communs à vos
Penitentes.* 49.

49. *Il falloit du moins citer quelque témoin qui fut préfent lors de cette exclamation , ou l'Allemand
elle-même , & ne pas citer Mr. Gandalbert , qui ne parle que par oüi dire dans une confrontation où le
P. Girard n'étoit pas , & que des Juges ne doivent jamais recevoir en preuve contre le tiers , ces mots
fe récrie , font même entierement fuppofez.*

Quoiqu'on penfe de tels évenemens , tous ces faits extraordinaires ne font
pas inutiles & indifferens , & l'air dont le P. Girard les a traitez , forme contre lui une preuve principale de feduction. 50.

50. *Quelles Epitheues ! Des faits qui ont fervi à faire opiner au feu , font-ils jamais inutiles &
indifferens ? Une chofe encore plus finguliere , c'eft de tirer une principale preuve de l'air dont l'Accufé
traitoit ces faits , & de parler de faits de feduction , lorfqu'il n'eft queftion que de l'effet d'un fouffle magique , & de trois filles poffedées par le pouvoir du Sorcier.*

La Pénitente fait part au Directeur de la premiere vifion (d) qu'elle a
après les 14. premiers mois de Direction, & fucceffivement de fes extafes &
de fes tourmens, de fes peines interieures. 51.

51. *C'étoit fi peu fa premiere Vifion , que la Cadiere reconnoit dans fes réponfes fur le 6. & 34. interrogat , & la réalité de la Vifion , & d'en avoir parlé au P. Girard.*

Voici la Réponfe qu'elle en reçoit. *Vous fouffrez (e) ma pauvre enfant , &
vous joüiffez , c'eft-là avoir un avantage au-deffus des Bien-heureux.* 52.

52. *Les 14. premiers mois de Direction finiffoient au mois de Novembre 1729. & l'on cite ici une
Réponfe du 29. Juin 1730. fans égard pour les dattes & pour le tems. Il eft vrai que l'on envelope a-
droitement cette Vifion avec les Extafes , tourmens & peines interieures fucceffives , mais il s'agiffoit
uniquement dans cette Réponfe de coups réels reçûs du Démon , de la peau écorchée , & d'une chemife
coilée par le fang.*

(a) Confrontation pardevant la Cour.
(b) Depofitions de Thereze Lionne, dite la Veuve Allemand , & de la Battarel , 39. & 38. Témoins , & leur con
frontation avec le P. Girard.

(c) Confrontation de Mre. Guandalbert, avec l'Ab. Cadiere.
(d) Reponfe du P. Girard au 23. Interrogatoire des Commiffaires.
[e] Lettre du P. Girard du 29. Juin 1730.

Ailleurs,

Ailleurs, il l'exhorte *à se livrer (a)* à s'abandonner *aux extases,* & à ne pas *forcer violemment l'esprit interieur.* 53.

53. *On pouvoit se dispenser de citer en caractere italique, qu'il l'exortoit à se livrer à s'abandonner aux Extases ; c'est une pure supofition, le mot Extase ne se lit dans aucune des Lettres du . . Girard, au surplus, devoit-il lui conseiller de resister violemment à ce qu'il croyoit être l'esprit interieur ? Est-ce là exorter à se livrer ? La lettre est du 15. Juin 1730.*

S'il s'agit seulement d'un jour auquel il doit la visiter, il faut qu'une revelation en decide. *Le bon Maître (b) que nous servons nous dira celui de ces deux jours qui conviendra le mieux, & ses vûës sur nous deux.* 54.

54. *Voilà un Directeur credule qui regle ses visites sur des revelations ; mais il ne falloit plus le dépeindre après cela, comme un amant empressé, qui multiplioit ses visites jusqu'à deux fois par semaine.*

C'est ainsi que ce Directeur nourrit sa Pénitente dans ses visions & ses folies, loin de les combattre ; 55.

55. *Comment se peut-il que par des lettres des 15. & 19. juin 1730. il ait nourri sa Pénitente dans ses Visions anterieures de plusieurs mois, & n'est-ce pas les combattre, que de ne lui permettre de ceder qu'à la violence de l'esprit interieur.*

C'est par l'exemple des Saints qu'il l'encourage (c) à accepter l'obsession qu'elle dit lui avoir été proposée par revelation. 56.

56. *Voilà ce que la Cadiere même n'a point dit ; on cite lettre (c) la réponse du P. Girard au 41 interrogat, il n'y a qu'à la lire pour voir qu'il ne l'a ni encouragée, ni excitée par aucun exemple.*

L'exemple étoit sans doute nouveau, & nous n'avons jamais vû dans les Annales de l'Eglise aucun de ses enfans se livrer au malin esprit par religion, & sous l'esperance de quelque bien que ce soit. 57.

57. *Il ne s'agissoit point alors d'être livrée au Malin Esprit : cette bizarre idée n'étoit point encore conçûe ; & la Cadiere n'entendoit parler que de tourmens & vexations des Diables pour le salut des ames, à l'exemple de Sainte Catherine de Sienne :* Voyez les Vies & Actions memorables du P. Jean de Ste. Marie Jacobin, Edition de 1635, in 4°. à Paris chez Huri page 356.

Il n'a pas désavoüé qu'elle lui ait communiqué en son tems toutes les visions folles & impies (d) contenuës dans le Mémoire du Carême. Tantôt *Dieu la choisie pour être la victime* & *la propitiation* d'un certain nombre d'ames. Tantôt elle aperçoit Saint Jean l'Evangeliste tenant le Livre des sept Sceaux, où les noms *de Marie Catherine,* & *de Jean-Baptiste sont écrits. (e)* 58.

58. *Quelle impieté y a-t'il dans ces deux Visions ? On cite diverses Réponses du P. Girard, aucune ne contient l'aveu dont il est parlé (lettre d) Les Visions qu'il avoüe lui avoir été racontées, ne sont pas la centiéme de celles du Journal du Carême, & n'ont rien d'impie.*

Ces marques non équivoques d'un esprit tout au moins foible & égaré, n'étoient-elles pas capables de faire ouvrir les yeux à cet éclairé Directeur ; s'il eût été de bonne foi ? 59.

59. *Voudroit-on dire que toutes les Saintes Mistiques étoient des esprits foibles & égarez ? Que leurs Visions en sont de preuves non équivoques ? Et que le P. Girard n'a pas dû croire qu'il fut possible qu'il y eût aujourd'hui des Visions réelles ?*

Il la presse au contraire, la sollicite, (f) & la menace, jusqu'à ce qu'elle lui ait donné par écrit le recit de tant d'impertinences ; moyen si propre pour l'entretenir dans ses illusions. 60.

60. *Moyen très propre au contraire pour connoître la qualité de ces Visions, la détromper ou du moins se détromper lui-même, comme il arriva dès qu'il eût reçu cet Ecrit, il la menaçoit même de la quitter si elle ne le lui donnoit pas : jamais Directeur incestueux n'a fait de pareilles menaces.*

On ne voit nulle précaution de la part du Directeur ; il n'aporte aucun

(a) Lettre du même du 15. Juin 1730.
(b) Lettre du même dès 16. & 19. Juillet, & 4. Août 1730.
[c] Réponse du P. Girard à l'Interrogatoire 41. des Commissaires.
[d] Aveu du P. Girard à l'Interrogatoire 24. & 26. des Commissaires, & sur le 27. 28. 47. 61. 67. 68. 109.

il avoüe qu'elle lui racontoit en détail toutes les visions, ce qui comprend celles qui sont contenuës dans le Journal du Carême.
(e) Dans le Journal du Carême.
[f] Lettres du P. Girard du 15. Juin, 4. & 15. Août 1730.

D

remede au mal , ni dans ſon principe , ni dans ſes (a) ſuites. 61.

61. *Le mal ne lui a été connu qu'après la publication du Journal du Carême.*

La Cadiere & ſa famille le conſultent ſur toutes choſes , comme l'homme de Dieu. 62.

62. *Ils le conſultoient ſi peu , qu'ils publioient ſciemment des faux prodiges contre ſes plus expreſſes défenſes :* (V. les Lettres p. 4. 49. 56. & ſuiv.)

Il eſt témoin de tout , & le plus ſouvent le ſeul témoin, ne jugeant nul autre digne d'aſſiſter avec lui à la plus part des accidens de ſa Pénitente. 63.

63. *On ne cite rien & l'on a bien fait ; nous y ſupléerons , le 4. & le 23. témoins ſont les ſeuls qui ayent vû le P. Girard ſeul auprès de la Cadiere durant ſes accidens , l'un dit qu'il vint l'apeller au ſecours , c'eſt le 4. tem. n. 15. l'autre qu'il fut trouvé les mains jointes , attendant la fin de l'accident, qu'il regardoit comme une Extaſe , c'eſt le 23. tém. n. 4.*

Son Frere le Jacobin n'a pas la diſcretion de ſe retirer, quand le Pere Confeſſeur ſouhaite d'être ſeul avec elle, d'un air d'autorité, *il le prend par la main , (b) le met dehors de la Chambre , & ferme la porte à clef.* 64.

64. *On cite* (lettre b) *la Servante, qui ne dit pas un mot des circonſtances qui embelliſſent ce recit, & qui ne parle ni de porte, ni de clef, & le Jacobin qui ne fait aucune mention non plus que la Servante, ni de l'air d'autorité , ni de la main priſe.*

C'eſt le ſeul enfin que la cauſe de tant d'effets ſurprenans n'embaraſſe jamais , il les raporte à l'Auteur de tous les dons, qui ſe plaît à ſignaler ſa bonté envers ſa Créature. Dans une transfiguration de ſa Pénitente, il arrive tout à coup de Toulon au Monaſtere des Clairiſtes d'Ollioules , *inſtruit* , dit-il , *par ſon bon Ange.* 65.

65. *D'où vient que l'on diſſimule les circonſtances de cette Transfiguration. Croit-on que l'on puiſſe deviner que la Cadiere avoit une couronne peinte avec du ſang ſur le front , & des goutes de ſang ſec ſur le viſage , pour imiter un Chriſt en Ecce Homo ? Pourquoi ne pas dire que les Religieuſes lui avoient envoyé un Exprés , & regarder une plaiſanterie uſée comme un diſcours ſerieux ? Eſt-ce l'Exprés, eſt-ce le bon Ange qui l'avoit averti ?*

(c) Les Religieuſes s'empreſſent de lui annoncer qu'elle a communié d'une main inviſible ; 66.

66. *La Cadiere avoit ſi bien joué ce rôle, que ces bonnes Religieuſes atteſtoient la verité du prodige.*

Il le ſçait déja , prétendant *lui avoir donné lui-même la moitié de l'Hoſtie qu'il avoit conſacré ;* & l'abordant , il lui réproche , en preſence de pluſieurs Religieuſes , *d'être une petite gourmande : Enlevez-vous toûjours ,* lui dit-il , *la moitié de la portion de vôtre Pere ?* 67.

67. *Ces diſcours ſi remarquables tenus en preſence de tant de Religieuſes , ne ſont pourtant raportez que par une ſeule , qui en cite une autre laquelle ne le dit pas :* (v. les Lettres p. 6.)

Confronté ſur ſes faits il en avoüe une partie , (d) & il dit , *que c'étoit par plaiſanterie qu'il avoit parlé de même ,* 68.

68. *Le P. Girard au contraire confronté ſur ces faits avec le 26. témoin les dénie expreſſement ; la plaiſanterie dont il eſt parlé dans ſa confrontation avec le 20. témoin , citée* (lettre c) *comme une preuve de ce qu'il en avoue une partie , ne regarde en rien les paroles attribuées au P. Girard ſur la Communion miraculeuſe , & raportées en caractère italique.*

Tandis que les Spectateurs ſont ſaiſis d'éfroi , & qu'une Religieuſe frapée de ce ton de Prophete avec lequel ce Pere parle, en eſt deux jours malade. 69.

69. *On tire ce fait d'une confrontation étrangere , & par conſequent incapable de faire aucune charge , & l'on n'obſerve pas que la Cadiere confrontée immédiatement après & ſur le champ avec cette pretenduë Malade , ſe garda bien de lui parler de ce fait , qu'elle ſçavoit être faux, crainte d'un deſaveu.*

[e] Il fait laver le viſage de la Cadiere couvert de ſang & recommande

[a] Claire Berarde 11. Témoin.

[b] Claire Berarde , 11. Témoin. Confrontation du Pere Cadiere au P. Girard.

[c] La Sœur de Licot, Maîtreſſe des Novices, 20. Témoin , dans ſa confrontation avec la Cadiere. La Sœur Guerin 26. Témoin.

(d) Confrontation du Pere Girard avec le 20 Témoin,

(e) Confrontation de la 20. Témoin avec la Cadiere.

de garder soigneusement l'eau [*a*] *qui a servi à cet usage* , comme ayant reçû
une vertu miraculeuse, dont il assure, *qu'on a déja ressenti les effets à Toulon.* 70.

*70. Le visage de la Cadiere fut lavé à 5. heures du matin , & le P. Girard n'arriva qu'après avoir
diné à Toulon : (v. les Lettres p. 2*.) mais il falloit suposer qu'il eût fait laver le visage , pour pouvoir ajoûter qu'il avoit fait garder l'eau ; la verité pourtant est que les Religieuses l'avoient gardée sans
lui , & qu'il ne fit que les laisser dans leur idée.*

Il prie une Réligieuse [*b*] de dresser un Journal de toutes les merveilles
dont Dieu favorise leur Monastere , où il l'avoit déja annoncée pour une
ame peu commune. [*c*] 71.

*71. Ce Mémoire rempli de prodiges attestez par les Réligieuses , qui s'en disoient témoins oculaires ,
n'est propre qu'à servir de nouvelle excuse à la credulité du P. Girard , qui en annonçant la Cadire pour
une ame peu commune , faisoit un Eloge bien modeste d'une fille à Stigmates.*

On parle d'un morceau de la vraye Croix descendu du Ciel, le P. Girard
reclame ce Trésor , [*d*] comme devant en être le depositaire. 72.

*72. C'est la Cadiere seule qui parloit d'une croix venüe du Ciel ; mais sa parente Anne Cadiere , & sa
confidente Laugier 18. & 4. témoins , connoissent le Menuisier qui l'avoit travaillée : (v. les L. p. 53.)*

La Mere Cadiere voit avec peine sa fille affligée de tant de maux , elle
veut apeller les Medecins ; [*e*] le Directeur lui reproche des sentimens
trop naturels , & la console en lui disant , *que ce sont des maux divins.* [*f*] 73.

*73. Qui le croiroit ! On cite (lettre f) une réponse faite à une Réligieuse , comme si la réponse avoit
été faite à la Mere. On cite (lettre e) l'Abbé Cadiere , & il reconnoit que les Medecins venoient
voir sa sœur. On cite la Servante , & elle assure que la Mere avoit envoyé prendre un Medecin.*

Cette fille aplique ou fait apliquer des emplâtres à certaines playes de son
corps , elle en est severement reprise par son Directeur , [*g*] qui les lui
fait regarder comme sacrées. 74.

*74. On ne dévine pas aisement que ces certaines playes , soient les fameux Stigmates reçûs le Ven-
dredi saint , suivant la Cadiere & ses Freres ; le Directeur trompé desaprouvoit qu'elle y mit des Empla-
tres , & dans ce sens il avoit raison.*

L'une paroît n'agir que par des voyes simples & naturelles , l'autre n'annonce par tout que le merveilleux. 75.

*75. Convertir des vieilles playes en Stigmates , est ici agir par des voyes simples : cacher ces prodi-
ges jusqu'à indisposer M. l'Evêque , c'est annoncer par tout le merveilleux. Quel renversement d'idées !
(Voyez les Lettres p. 48. & 49.)*

La Pénitente se défie de son état ; le Directeur la rassure. 76.

*76. Nulle preuve de leur défiance , au contraire , il paroit que c'étoit elle qui rassuroit le Directeur
par des instrumens de pénitence , qu'elle disoit faussement avoir porté , par des Confessions où elle cachoit
jusqu'à ses pechez veniels , &c. (Voyez les Lettres p. 53. & 54.)*

Nous ne trouvons pas dans la Procedure qu'il ait jamais pris aucun soin ,
comme il l'a dit dans la suite , de rendre secrets ces pretendus prodiges ;
nous voyons au contraire , [*h*] qu'il les produisoit , que bien des personnes en avoient été les témoins & les admirateurs. 77.

*77. Il n'y a au contraire rien de mieux prouvé que les efforts du P. Girard pour cacher les Miracles ,
& pour arrêter la passion que la Cadiere & ses Freres avoient de les publier : (Voyez les Lettres p. 72.)
On opose à ces preuves (lettre h) une confrontation , dans laquelle on voit avec le plus grand étonnement le Jacobin reprocher au P. Girard d'avoir caché ces prodiges , & le P. Girard s'excuser sur ce que
son incertitude l'obligeoit à les cacher.*

Un des Curez vient dans la Maison des Cadieres , invité de voir la sainte
en extase , 78.

(*a*) 10. & 22. Témoin.
(*b*) La Sœur de l'Escot 10. Témoin.
(*c*) Lettre du Pere Girard à l'Abbesse d'Olioules , du 22. Mai 1730.
(*d*) Réponse du Pere Girard au 39, Interrogatoire des Commissaires.
(*e*) Aveu de l'Accusé dans sa confrontation avec l'Abbé Cadiere. Déposition de Claire Berarde , 11. Témoin.
(*f*) Récolement de la Sœur de l'Escot 10. Témoin.
(*g*) Aveu de l'Accusé au 57. Interrogatoire des Commissaires. Confront. de la Cadiere avec Marguerite True 44. Témoin.
(*h*) Aveu de l'Accusé dans sa confrontation avec le Pere Cadiere Jacobin.

78. *Mais par qui invité ? Par le Frere de la Cadiere, qui le fait retirer à l'aproche du P. Girard, parce qu'il ne feroit pas bien aife, dit-il, de trouver des Etrangers ici. Voilà ce qu'on apelle choifir non de témoins qui ne prouvent rien, mais de témoins qui prouvent le contraire de ce qu'on avance.*

Il trouve à genoux au pied du lit la Reboul, la Battarel & la Guiol ; cette derniere confidente du P. Girard s'écriant, [a] 79.

79. *Il n'y trouve à genoux ni la Battarel ni la Reboul, il y trouve à genoux le Jacobin fi bien inftruit de la verité, qui cependant affuroit, qu'on avoit vû des chofes plus extraordinaires, qu'on l'avoit vûë élevée en l'air, qui fouffroit que la Guiol fit voir les Stigmates & la Couronne fanglante que l'on diffimule ici, & dont il étoit alors uniquement queftion.*

Qui ne fe convertiroit à la vûë d'un tel fpectacle ? 80.

80. *Le Démon infpire-t'il de tels fentimens ?*

Le Pere Confeffeur arrive, on fait retirer le Curé. 81.

81. *On le fait retirer parce que le P. Girard auroit été très-faché que l'on eût apellé des Etrangers.*

Le P. Girard n'a garde de defabufer les affiftans, ou de leur infpirer au moins de fufpendre leur jugement. 82.

82. *Et comment fufpendre fon jugement fur des playes réelles ? Il falloit ou regarder la Cadiere comme une fainte, ou regarder elle & le Dominicain comme des impies.*

Il parloit de fa Pénitente au Monaftere des Clairiftes d'Olioules, dans la Maifon de fa Mere, & dans la Ville de Toulon, comme du chef-d'œuvre [b] de la grace. 83.

83. *Voilà une preuve bien étendüe ! A Ollioules, chez la Mere, & dans la Ville de Toulon, on devoit s'attendre à une foule de citations, mais l'on fe reduit à 2. lettres à l'Abbeffe qui ne prouvent rien, à une confrontation où la Guiol affure au contraire n'avoir crû la Cadiere une fainte, que fur les difcours de fes parens, & que le P. Girard ne lui a jamais parlé de fes Miracles, & à la dépofition du 23. témoin qui n'en dit pas un feul mot.*

Les Jefuites tenoient par tout le même langage ; par tout ils la donnoient pour fainte, non à faire, mais toute faite, & fainte à miracles. 84.

84. *Il n'y en a pas la moindre trace dans le procès.*

Le Pere Grignet, un de leurs Confreres, & Théologien du Seminaire de Toulon, lui rend un efpece de culte ; il difoit lui être redevable de fon affermiffement dans le bien, & avoir apris de cette fille *mieux que dans les Livres, les plus fublimes Myfteres.* (c) 85.

85. *Ce feroit un culte bien fecret, puifqu'il s'agit d'une fimple Lettre écrite à la Cadiere, où l'on ne lit même pas ce qui eft cité en caractere italique : (Voyez le fecond Factum de l'Abbé Cadiere p. 8. où la lettre eft imprimée tout au long.*

Si dans ces circonftances la mort l'eût enlevée, il eft hors de doute que quoiqu'au fonds un vafe d'ignominie, elle trouvoit auffi-tôt fa place dans le Calendrier, à la fuite de la Sœur Marie Alacoque, & de la Sœur de Remuzat ; (d) & les Pieces qu'on produit aujourd'hui contre-elle, auroient fervi alors à la rendre l'objet de la veneration publique. 86.

86. *L'on cite fur la lettre (d) un Mémoire dont on rend le P. Girard refponfable, il eft cependant écrit par le Jacobin & par l'Abbé.*

Enfin, fans l'expofition de la Cadiere, le merveilleux de ce Procès paffe-roit encore pour une preuve de la fainteté de la Pénitente ; le Directeur fe-roit encore un crime à fes Dévotes, & leur refuferoit (e) *l'abfolution,* fi elles en avoient une idée differente, 87.

(a) Meffire Giraud 2. Témoin. La Sœur Boyer 97. Témoin. La Guiol 5. Témoin. La Reboul 6.

(b) Lettre de l'Accufé à l'Abbeffe d'Olioules du 22. Mai & 5. Juin 1730. Confront. de la Guiol avec le Pere Cadiere. Sœur Aubani 23. Témoin.

(c) Lettre du Pere Grignet à la Cadiere, jointe à la Procedure.

(d) Pénitente de l'Accufé, fille illuminée & à vifion, morte à Marfeille en 1730. c'étoit avec la Sœur Marie Alacoque le modele qu'il propofoit à la Cadiere, comme on le voit à la page 49. de la feconde Partie de fon premier Factum, où fe trouve le Mémoire des vifions de la Sœur de Remuzat. Il y eft dit, *que la Cadiere l'avoit aperçûë poffedant le même degré de gloire que la Sœur Marie Alacoque.* L'Accufé a fait joindre ce Mémoire à la Procedure, & l'a enfuite fait imprimer.

(e) Marie-Anne Calas 98. Témoin.

87. On choisit encore pour prouver ce fait un Témoin unique, qui dit précisément le contraire : voici ces termes, Le P. Girard lui dit, je ne vous oblige pas de les croire, la voye la plus sure est celle de l'humilité, & il lui donna l'Absolution.

Et la premiere seroit encore admise chaque jour à la participation de nos redoutables Mysteres. Comment aurions nous pû concilier une telle conduite, avec les doutes dont l'Accusé a voulu se faire honneur pendant Procès ? 88.

88. Il doutoit si la Cadiere prenoit des effets naturels pour des prodiges, mais il n'avoit aucun soubçon qu'elle voulût le tromper.

Ainsi ce n'est que l'évenement qui a changé les idées du Public, & le langage du Directeur ; & les faits étant indubitables & hors de l'ordre commun des choses, on a toûjours eû recours à un principe extraordinaire, mais contraire aux premieres impressions. 89.

89. C'étoit pour presenter quelque chose qui parût hors de l'ordre commun, que la Cadiere donnoit des playes pour de Stigmates, & parloit une langue inconnuë, ces faits sont veritablement indubitables. D'où vient donc le profond silence que l'on affecte de garder là-dessus ? N'est-ce pas reconnoître la fourberie du moins indirectement ?

Delà nous avons lieu de conclure contre le P. Girard, que s'il est accusé de sortilege, il s'est attiré cette accusation par sa conduite & par l'uniformité des accidens (a) qui suivoit sa direction. 90.

90. Ne semble-t'il pas en lisant ceci, qu'il ne soit question que d'excuser l'Accusatrice ? Mais qu'entend-on par l'uniformité des accidens qui suivoient sa Direction ? On ne peut en juger que par les citations (sur la lettre a) on y parle de la Laugier sans ajoûter qu'elle étoit dans un délire prête à se jetter par la fenêtre ; de l'Allemand & de la Battarel, sans observer que c'étoient les deux fausses possedées gagnées par la Cadiere, & exorcisées par le Carme ; des dépositions des 11. 12. & 14. témoins, qui ne disent rien de plus ; des confrontations des 42. & 43. tém. qui n'ont pas été confrontez ; de celles des 46. 53. 109. & 110. tém. où il n'y a pas un mot de ce qu'on pretend prouver ; & du recolement du 102. tém. qui se trouve conçû en ces termes, n'ajoûte ni diminuë, preuves bien dignes des accidens qui suivent une Direction !

Et que d'accord avec lui sur la qualité des effets qu'il a perpetuellement reconnus, on attribuë aujourd'hui à l'esprit de mensonge ce qu'il attribuoit autrefois (b) à l'Esprit de Dieu, & qui cependant ne pouvoit pas venir de lui, comme la suite ne l'a que trop justifié. 91.

91. Le P. Girard n'a jamais reconnu autre chose sinon que la Cadiere lui racontoit ses pretenduës faveurs du Ciel ; elle lui écrivit le 21. Juillet 1730. Remerciez le Seigneur des grandes misericordes qu'il daigne me continuer. *Le P. Girard répondit le lendemain :* Je rends graces à N. S. de la continuation de ses misericordes. *Le Directeur credule est-il plus blamable que la Pénitente fourbe & impie ?*

Le Pere Girard s'est rétranché à dire, que sa Pénitente l'avoit trompé ; mais pourquoi cette excuse ne vient-elle qu'au moment qu'il est accusé ? 92.

92. Belle question ! Parceque l'on ne s'excuse qu'au moment que l'on est accusé.

Pourquoi reprend-t'il ses premiers sentimens pour elle, & cesse de la regarder comme une fourbe, dès qu'il croit qu'elle s'est départie de son accusation ; en sorte qu'à leur premiere entrevûë, & lors de leur premiere confrontation, il ne propose pas le moindre reproche contre elle ? 93.

93. Pourquoi ? Parceque le titre de la plainte, la qualité de l'Exposante, étoient des reproches qui n'avoient pas besoin d'être renouvellées, ou plûtôt parceque le P. Girard n'a jamais formé en aucun tems aucune plainte ni contre la Cadiere, ni contre ceux qui se sont joints à elle pour le perdre ; on blame ici une vertu qu'il faudroit admirer !

(a) Il conste par la Procedure que la nommée Laugier avoit des accidens jusqu'au point de fureur de cracher sur le Crucifix, & de le mordre, avec les mêmes convulsions & gonflement au col que la Cadiere. La Veuve Allemand 39. Témoin, depose avoir eû les mêmes accidens d'obsession. La Battarel 38. Témoin fait le même aveu. Dépositions des 11. 12. & 14. Témoins. Confront. des 42. 43. 46. 53. 109. 110. & le 102. dans son recolement.

(b) Lettre du P. Girard du 22. Juillet, qui est la réponse à une de la Cadiere du même jour, où elle lui marquoit, *d'avoir été associée à la redemption du genre humain.* Ce Directeur au lieu de la désabuser, & de se soulever contre une impieté de cette espece, *rend graces à Nôtre Seigneur de la continuation de ses misericordes:* De quel côté étoit donc la fourberie ?

E

Mais, quoiqu'il s'avoüe trompé , ce n'eſt pas pour tout ; car comme on l'a déja obſervé , il convient de la plûpart des faits extraordinaires dont il ne peut plus donner la même cauſe , & nous a laiſſez incertains ſur ce que nous devions penſer des prodiges attachez à ſa Direction. 94.

94. D'où vient donc qu'incertains ſur les prodiges de la Direction , on a conclu a condamner le Directeur au feu ? On pourroit encore demander ici qu'eſt-ce que les prodiges attachez à une Direction ?

Peut-il être reçû préſentement à repandre des ſoubçons ſur les actions de ſa Pénitente , lui qui l'a raſſurée ſur ſes juſtes ſcrupules ? 95.

95. La Cadiere fourbe & impie étoit bien éloignée d'avoir des ſcrupules ; mais a-t'on jamais ſerieuſement propoſé , que celui qui a crû dans un tems d'une façon , ne ſoit plus reçû à faire voir que l'on abuſoit de ſa credulité , & ſurtout lorſqu'il n'a que ce ſeul moyen pour ſauver ſa vie ? Du moins ne devoit-on plus dire après cela , que l'on ne pouvoit pouſſer l'équité ou l'indulgence plus loin : (Voyez au titre de l'Inceſte au commencement.

Lui qui feignant de conſentir qu'elle conſulte d'autres Confeſſeurs , l'en détourne en effet ? il déclare veritablement *qu'il ne lui apartient pas de dire comme S. Paul, qu'il a l'Eſprit de Dieu comme un autre* ; mais il ne lui permet de s'adreſſer *qu'à des hommes de Dieu* , (a) *& qui connoiſſent les deſſeins de Dieu ſur elle* ; ce qui le rendoit maître du choix. 96.

96. La Lettre citée [lettre a] étoit pour toute autre choſe que pour des ſcrupules ; la Cadiere vouloit exiger que le P. Girard conſentit à ce qu'elle ſortit du Couvent , il opoſoit le prodige qu'il avoit apris d'elle ſur ſa vocation [V. les Lettres p. 1.] & conſentoit qu'elle conſultât là-deſſus d'autres Directeurs , qui connuſſent les deſſeins de Dieu ſur elle , c'eſt-à-dire , le merveilleux de cette vocation ; il étoit là-deſſus ſi peu maître du choix , que la Cadiere devoit les choiſir. Voilà pourtant ſur quoi l'on conclut qu'il la détournoit de conſulter ſur ſes ſcrupules : Une choſe plus concluante , c'eſt que ce n'étoit point là le langage d'un Directeur inceſtueux.*

Qu'elle ne leur parlera que juſqu'à un certain point , (b) de peur qu'on ne la livre à de plus grandes peines. 97.

97. Cette citation eſt priſe , non d'une lettre du P. Girard , mais de la fameuſe lettre du 19. May, que la Cadiere porta toute faite de Toulon à Aix : (v. les Lettres p. 1.) il y étoit queſtion , non de ſcrupules , mais des faveurs du Ciel , qu'elle ne vouloit raconter au P. Boutier que juſqu'à un certain point , connoiſſant qu'il étoit trop éclairé pour donner dans le paneau des Stigmates , & des Croix venües du Ciel.*

Que ces expreſſions portent loin , maintenant que le rideau eſt tiré ! 98.

98. Elles ne portent que ſur l'abus que l'on en fait ici , en les raportant hors de leur veritable ſens

Peut-on méconnoître ici le criminel en la perſonne du Pere Girard , quand obligé de dire qu'il doutoit de l'état de ſa Pénitente , il n'a pourtant ſçû que répondre lorſqu'on l'a preſſé d'accorder ſes doutes avec cet air de conviction qui a duré autant que ſa Direction. 99.

99. On ne cite rien & l'on ne ſçait de quels Interrogats & de quelles réponſes on veut parler.

Il doutoit de l'état de ſa Pénitente , & cependant il la faiſoit Communier tous les jours : Quel étrange paradoxe & quelle prophanation en même tems ! 100.

100. On ne voit au procès qu'un grand empreſſement dans la Cadiere , pour obtenir de communier tous les jours , ſans quoi elle diſoit ne pouvoir vivre , & la facilité que le P. Girard avoit de demander cette faveur à l'Abbeſſe , qui ne l'accorda jamais [Lettres de la Cadiere & du P. Girard des 11. & 15. Juin 1730.]

Croirons-nous enfin qu'il doutoit , lui qui a combattu tous les doutes & tous les ſoubçons , ou plûtôt qui les a ſi fort aprehendez, & qui parlant avec certitude de la haute perfection de ſa Pénitente , a toûjours pris tant de ſoin d'écarter les éclairciſſemens qui pouvoient détruire cette idée.

(a) Lettre de l'Accuſé du 15. Août 1730.
(b) Lettre de la Cadiere du 19. Mai 1730. où elle dit, *parler juſqu'à un certain point , de peur de me livrer à de plus grandes peines.*
Pour ce qui eſt du Pere Boutier , je me trouve diſpoſée de luis

101. *A quoi servent ces grands mots recherchez avec tant de soin ? Il faut des preuves & non des phrases.*

On comprend sans peine comment la séduction a dû s'accomplir. 102.

102. *Mais comprend-on comment le souffle magique dégenere ici en séduction ?*

Le P. Girard avoit une autorité bien naturele sur les esprits, son âge, son caractere, ses talens, sur tout pour la chaire, ses divers emplois, son exterieur même lui avoient acquis une reputation qui le preceda à Toulon. 103.

103. *Ce n'est point là le portrait d'un Sorcier depuis 40. ans (V. les Lettres p. 4**.) Chaudon étoit plus rusé, il lui attribuoit les mœurs les plus dépravées, & raportoit les faits les plus calomnieux.*

Il n'est pas surprenant que la Cadiere en eût été attirée, elle n'avoit pour lors (a) que dix-huit ans, née de parens de médiocre condition, sans autre éducation que celle que pouvoit lui donner une Mere simple & pieuse, 104.

104. *Cette Mere attestoit pourtant que sa fille avoit passé 40. jours sans manger, & qu'elle l'avoit vûë élevée en l'air, elle n'étoit donc rien moins que simple & pieuse : [V. les Let. p. 1*. & 57.]*

Ne connoissant ni le monde ni ses perils, ne sortant de sa Maison que pour aller à l'Eglise ou aux Hôpitaux ; 105.

105. *Elle n'a été aux Hôpitaux que dans sa plus grande jeunesse, suivant le 9. témoin le seul qui en ait parlé.*

Toutes les Personnes qui l'avoient vûë ou de loin ou de près, la donnent pour une fille sans vices, (b) & fort vertueuse. 106.

106. *Voilà un éloge bien mal prouvé ; on cite trois dépositions [lettre b] le Curé 2 tém. n'en dit pas un mot, il ne l'avoit confessée qu'avant sa premiere communion, & il ne s'agit pas de ce tems-là ; Jaufrete 9. tém. dit au contraire qu'elle fut bien-tôt dissipée, & qu'elle se mocquoit des exhortations du Directeur qu'elle avoit avant le P. Girard, enfin Calas 17. tém. ne dit absolument rien à sa loüange.*

Ceux qui auroient plus d'interêt à contredire cette premiere reputation, tels que l'Accusé & ses Protecteurs, ne lui reprochent que la fureur d'avoir voulu passer pour sainte ; 107.

107. *C'est bien assez, cette fureur explique tous les differens rôles qu'elle a joüez [v. les L. p. 51 & suiv.]*

Mais quelle aparence qu'elle ait pû se flater de mieux réussir dans ce ridicule projet avec un Directeur célébre, qu'avec ceux qui l'avoient précedé ; 108.

108. *Elle avoit au contraire si bien réüssi avec ceux-là, que le P. Alexis la comparoit à Ste. Therese & à Ste. Catherine de Sienne : [Voyez les Lettres p. 2.]*

Et si des Témoins (c) ont dit que la Cadiere étoit sujette à des extases & à des visions dès son bas âge, ils sont démentis par l'Accusé même, qui déclare (d) que cette fille ne lui a parlé de visions *que quatorze mois après qu'il eût commencé à la diriger*, 109.

109. *Quel raisonnement ! La Cadiere ne lui parle de Visions que 14. mois après la Direction, donc elle n'avoit point eu des Visions auparavant ; mais n'a-t'elle pas reconnu dans ses réponses la réalité de la Vision qui lui indique le P. Girard pour Directeur, Vision dont elle a tant parlé à toutes ses amies : (v. les Lettres p. 2.)*

Et ces mêmes Témoins déposent des faits qui tombent au tems de cette Direction. 110.

110. *On cite (lettre c.) deux témoins qui disent au contraire, l'un que c'étoit à l'âge de 9. ans, l'autre que c'étoit sous la Direction du P. Alexis.*

D'ailleurs, ces témoignages nous ont parû évidemment suspects, parce que les faits dont parlent ces Témoins sont absolument étrangers à la plainte, ne s'agissant alors que de sçavoir si le Pere Girard étoit coupable ou inno-

(a) Extrait Baptistaire du 19. Novembre 1709.
(b) Messire Giraud Curé, 2. Témoin. Anne Jaufrete 9. Loüis Calas 17.
(c) Sœur Marie Beaussier Clairiste, 21. Témoin : c'est celle à qui étoit adressée la Lettre de subornation du 28. Janvier par la Sœur Cogolin, Ursuline de Toulon, Péni-tente de l'Accusé. Sœur Therese Saurin 73. Ursuline de Toulon, Pénitente du Pere Sabatier Jesuite.
(d) Réponse de l'Accusé au 9. & 23. Interrogatoire des Commissaires, & au 41. il fixe l'obsession au commence-ment de Decembre 1729.

cent des crimes contenus dans l'exposition de la Cadiere , & dans la Requête du Promoteur , 111.

1 1 1. La Cadiere accusoit le P. Girard d'être l'auteur de ses Extases ; les témoins déposent qu'elle étoit fille à Extase avant le P. Girard , & l'on dit que ce sont là des faits étrangers à la plainte.

Au surplus la Sœur Barberoux Superieure du Bon - Pasteur , (a) dépose que la Cadiere l'a consultée sur le choix du Pere Girard pour son Directeur , & ne fait nulle mention de la vision de l'*Ecce Homo* , dont il a été tant parlé au Procès , & dans le *Mémoire du Carême* , ce qui exclud toute idée de vision précedente à la Direction du Jesuite. 112.

1 1 2. Voici un raisonnement bien assorti aux preuves employées dans ces Motifs ; la Sœur de Barberoux ne dit pas que la Cadiere en la consultant lui ait parlé de la Vision Ecce Homo , donc cela exclud toute idée de Vision precedente. Cette façon de se débarrasser de la déposition de tant de témoins , & des aveus même de la Cadiere est très-commode ; mais est-elle convenable à des Motifs adressez au Chef de la Justice ? (Voyez les Lettres p. 2.)

Q U I E T I S M E.

La Cadiere vivoit sous ce Confesseur comme sous les autres , sans aucune distinction au dehors , que celle qu'une pieté commune peut attirer ; mais le Pere Girard ne tenoit pas avec elle la même conduite que les autres Confesseurs. 112.

1 1 2. Non sans doute , car le P. Alexis la prônoit comme une Sainte à Miracles , & le P. Girard cachoit avec un extrème soin tous ses pretendus prodiges : (Voyez les Lettres p. 49.)

Cette difference n'auroit été juste , qu'en cas que la Pénitente auroit été plus avancée dans les voyes de la perfection. Sous le Pere Girard néanmoins elle commença peu à peu à se dissiper (b) à frequenter des personnes à la verité du même Sexe , mais propres à lui faire perdre le goût de la pieté ; elle alloit à des parties de plaisir ; elle les accompagnoit même par des danses & des joyes immoderées. (c) 113.

1 1 3. Il n'est que trop vrai que la Cadiere n'avoit aucun goût pour la pieté , mais le témoin cité (let. b) dit qu'elle étoit dissipée avant la Direction du P. Girard ; il n'y a qu'à voir les époques dont parle ce témoin.

La Priere vocale lui devint enfin un joug insuportable , dont elle se débarassa de l'aveu & avec l'aprobation (d) du Directeur. 1 1 4.

1 1 4. On cite trois témoins pour ce fait important , un seul des trois (c'est la folle Battarel) ne parle que de la bouche de la Cadiere , & tous louent également les instructions du P. Girard sur la priere.

On ne voyoit point en elle des crimes , mais moins de vertu. C'est dans cet état que les entretiens avec le Pere Girard deviennent si frequens au Confessionnal , au Parloir des Jesuites , & à la Maison (e) de la Pénitente. 1 1 5.

1 1 5. Qui croiroit que de 16. témoins cités [lettre e] aucun ne parle d'entretiens , ni de frequens entretiens , ni de confessionnal , ni de parloir des Jesuites , que les trois non confrontez , ne l'ont vû entrer que dans la Boutique , que l'un des trois ne l'a ainsi vû que 10. à 12. fois dans l'espace de deux ou trois mois , quoique logée dans la même maison , circonstance bien plus relevante que le défaut de confrontation puisque le P. Girard avoüe plus de visites , que ces trois témoins & tous les autres ensemble n'en ont vû : on parle de Magdelaine Juliene , & l'on n'a garde d'observer qu'elle étoit parente de la Cadiere , & femme du fameux Artigues , son conseil , son agent & solliciteur , depuis le commencement du procès jusqu'à la fin.

(a) Ce Témoin ne sçauroit être suspect au P. Girard.
(b) Anne Jaufrete 9. Témoin.
(c) Anne Reboul 6. Témoin. Magdelaine Julien 12. Catherine Joinville 18.
(d) Anne Battarel 38. Témoin. Therese Lionne 39. La Dame Aubert Abbesse des Clairistes , 19. dans sa confrontation avec la Cadiere.
(e) Loüis Remoüil 5. Témoin. Claire Estienne 10. Claire Berarde 11. Loüis Remoüil fils 14. François Garnier 15. Catherine Artigues 36. Catherine Garnier 37. Marguerite Ricaud 55. Claire Beringuier 57. Catherine Boyer 59. Gabrielle Aube 62. Pierre Maiffrem 63. Susanne Galloux 90. Claire Sauvere 91. Marie-Anne Calas 98. Claire Durand 102. On n'a point confronté à l'Accusé le 15. le 90, & 91. qui disent l'avoir vû aller seul chez la Cadiere 4. ou 5. fois, 5. ou 6. fois, 10. ou 12. fois ; non plus que Magdelaine Julien, qui dépose qu'il s'enfermoit seul à clef dans la chambre de la Laugier.

Nous

Nous écartons ici ce qu'elle a declaré dans son exposition , des empresse-
mens qu'avoit le P. Girard de la voir, de la connoître, & de se l'atta-
cher ; 116.

116. Il n'y a pas un seul mot dans l'exposition que l'on cite , qui marque aucun empressement dans le P. Girard.

Ce témoignage pourroit être suspect, & nous n'avons besoin que de celui qui resulte des actions de l'Accusé. Les assiduités de cette jeune fille auprès d'un Confesseur ne commencent que sous la direction du P. Girard, &
tandis qu'elle méritoit ces distinctions moins que jamais. 117.

*117. Il seroit plus conforme à la procedure de dire , que ces assiduitez diminuerent ; la Cadiere de-
meuroit avant le P. Girard jusqu'à 8. heures du soir au confessional de Mr. Dolone [4. tém. n. 4.] &
en étoit quelquefois grondée & battuë par ses parens [exposition n. 1.]*

Les conversations sont longues (*a*) & presque journalieres. 118.

118. On n'a pû citer parmi 113. tém. que la Servante & Loüis Remouil, celui - ci ne l'a vüë entre
que dans la boutique , où les Freres & la Mere étoient sans cesse , & loin de parler de conversations
journalieres, il ne parle même d'aucune conversation.

Le P. Girard s'y seroit-il porté par pure complaisance , ou par charité ?
Elle seroit excessive & déplacée : il ne les auroit pas souffertes si la pieté en
eût été le seul objet. Peut-on croire qu'elles rouloient sur des affaires de conscience ? Dans ses Réponses personnelles (*b*) il fixe les Confessions de cette
Pénitente *à deux fois par Semaine.* 119.

119. Cela est veritablement étrange , car la Cadiere dans ses réponses sur le 31. Interr. ne les fixe qu'à
une fois la semaine ou tous les 15. jours , le P. Girard a toûjours été dans ce procès la victime de sa
bonne foi & de ses scrupules sur la verité.

Or , quel grand sujet peut avoir une jeune fille d'entretenir si souvent un
Confesseur à l'Eglise & dans la Maison ? Si elle eût été fourbe , ce Directeur
habile avoit tout le tems de la connoître ; si elle ne l'étoit pas , il avoit tous
les moyens de la séduire. 120.

120. Quel plus grand sujet d'entretien , que de Stigmates , des Extases & de Visions !

Le Pere Girard lui conseilloit encore la lecture de certains Livres qu'il lui
faisoit même achêter , propres à gâter son esprit & son cœur , en lui donnant de la pieté, des idées peu saines , & lui faisant regarder la mortification
des sens comme indifferente ; tels étoient le Livre *des Reflexions Morales* de
Monsieur de Cambrai , celui du Pere Surin Jesuite. 121.

121. Il n'y a pas la moindre preuve qu'il ait conseillé de lire ni d'achêter aucun livre : M. de Cam-
bray & son livre ne sont ni nommez ni désignez en aucun endroit : il n'y est parlé qu'une seule fois du li-
vre du P. Surin, pour avoir été prêté à la Battarel , & non à la Cadiere. Celle-ci empruntoit des livres
de Misticité du 81. tém.

(*c*) C'est dans ce dernier qu'elle a puisé la plus grande partie des visions
contenuës dans le Mémoire du Carême. 122.

122. C'est là ce que le Jacobin vouloit prouver dans son second Factum page 11. mais Chaudon le dés-
avoüa , & soûtint que toutes ces Visions étoient dans la Vie de Marie Alacoque [3. Factum part. 2. p. 2.]
la verité est qu'elles sont imitées d'un livre du P. de Ste. Marie Jacobin , suivant le parallele du second
Factum de l'Avocat du P. Girard pag. 28.

Il est justifié qu'il prêtoit les mêmes Livres à celles de ses Pénitentes (*d*)
qui n'avoient pas de quoi les acheter. 123.

123. Cela n'est ni justifié ni prouvé , une seule de ses Pénitentes l'a dit , & n'a parlé que d'elle & du
seul livre du P. Surin.

(*a*) Loüis Remoüil dit , que l'Accusé ne sortoit de la
Maison de sa Pénitente que trois heures après y être en-
tré. Claire Berarde , qu'il y alloit à une heure , & qu'il
n'en sortoit que le soir.

(*b*) Réponse de l'Accusé à l'Interrogatoire 25. des
Commissaires.
(*c*) La Cadiere l'en a fait convenir lors de sa confrontation devant la Cour.
(*d*) La Battarel 38. Témoin.

Les unes & les autres se plaignent également (*a*) de cette impuissance de Prieres ; suite inévitable du Quiétisme. 124.

124. Qui a jamais dit qu'une erreur dans le dogme produisît une impuissance dans les sens ? [V. les Lettres p. 10.]

Les preuves (*b*) contraires qui résultent de la Procedure & des Lettres de l'Accusé en sa faveur, pour justifier qu'il recommandoit des bonnes lectures & des Prieres à ses Pénitentes, ne nous ont pas parû capables de contrebalancer & de détruire des faits que l'on ne peut regarder que comme le fruit d'une erreur qui n'ose d'abord se montrer à découvert. 125.

125. Qu'opose-t'on à ces preuves tirées des Lettres, non-seulement de l'Accusé mais même de la Cadiere ? Qu'elles viennent des Pénitentes du P. Girard, qui avoient, dit-on sur la lettre [b] interêt de l'excuser ; mais la Battarel & l'Allemand, qualifiées dans ces Motifs, de principaux Témoins, n'ont-elles pas assuré, qu'il leur recommandoit les Prieres autant que les autres bonnes œuvres. (v. les L. p. 10.)

Cette difference de tems a été parfaitement distinguée par la Querelante dans sa derniere confrontation avec l'Accusé, (*c*) & l'on a bien vû les précautions que ce nouveau Docteur prenoit pour former des Proselites, n'initiant dans ses mysteres que les sujets en qui il trouvoit des dispositions favorables. 126.

126. On a crû bien faire de ne citer que la confrontation devant la Cour, que l'on croyoit ne paroître jamais ; mais elle dément aujourd'hui toutes ces vaines allegations.

De la même source dérive encore *cette Formule de Confession* [*d*] donnée à la Pénitente, afin qu'aucun autre Confesseur n'aperçût le mystere d'iniquité & d'abomination, parce que cet homme si prudent, selon la chair, prescrivoit, à cette fille trop docile, ce qu'elle devoit dire & taire au Confesseur ordinaire du Monastere de Clairistes d'Ollioules. 127.

127. Le seul témoin cité [lettre d] n'a vû ni formule, ni qu'il eût été prescrit à la Cadiere ce qu'elle devoit dire, ou taire, c'est une jeune Pensionaire qui n'a vû qu'un simple papier que la Cadiere disoit être une formule, sans sçavoir ce qui étoit écrit, & sans que la Cadiere lui ait dit rien de plus ; on tache d'apuyer le fait sur la lettre du 19. May dont nous avons déja parlé, & sur une autre qui ne prouve pas d'avantage.

La Cadiere le lui a soutenu dans la derniere confrontation. Enforte que le P. Girard embarrassé du reproche, dit : [*e*] *qu'il étoit souvent necessaire d'en agir ainsi ; & de marquer aux personnes du Sexe jusqu'à quel point elles doivent souvrir, quand elles se confessent à des Prêtres vieux ou scrupuleux.* 128.

128. Tous ces faits sont démentis par le Verbal de cette même confrontation.

Or, nous trouvons que cette maxime est entierement conforme à la quarante-septiéme Proposition de Molinos, condamnée par la Bulle du Pape Innocent XI. où cet Hérésiarque, après avoir parlé des violences que l'on souffre par le ministere du Demon *qui fait*, dit-il, *maintenant des Saints, comme les Tirans en faisoit autrefois :* Il ajoûte que quand ces violences arrivent, *il faut laisser agir Satan sans s'y oposer, mais demeurer dans son néant, & quoiqu'il s'ensuive des pollutions, & d'autres actions honteuses, & même encore pis, il ne faut pas s'en inquieter, mais bannir les scrupules, les doutes, & les craintes, parce*

(*a*) Les deux expositions de la Cadiere. Les dépositions de la Battarel 38. Témoin. De la Veuve Allemand 39, 3. De Moulire Giraud 2. l'Abbesse des Clairistes 19. Témoin, dans la confrontation avec la Cadiere.

(*b*) Témoignage de quelques Pénitentes actuelles de l'Accusé, qui ont crû se mettre à couvert en l'excusant lui-même.

(*c*) Il n'enseignoit pas les mêmes maximes à ses Pénitentes, qu'il ne se fut auparavant assuré d'elles. Confrontation devant la Cour.

(*d*) Victoire Aubert, Pensionaire chez les Clairistes 30. Témoin, qu'on n'a pas voulu confronter à l'Accusé, dit avoir vû cette Formule. Ce fait paroit assez designé par deux Lettres de la Cadiere, du 19. Mai & 11. Juin, où elle dit, *qu'elle parlera au Pere Boutier jusques à un certain point.* Et dans la seconde, *qu'elle ne peut se communiquer à tout autre ce qui ne fait pas le moindre sujet de ses peines.*

(*e*) Confrontation mutuelle devant la Cour.

que l'ame en devient plus éclairée , plus fortifiée , & plus pure . . . . . Que sur tout ,
il faut bien se garder de s'en confesser ; que c'est très-bien fait de ne s'en point accuser ,
parce que c'est le moyen de vaincre le Démon , & d'acquerir un trésor de paix. 1 2 9.

1 2 9. Quel raport entre ces affreuses maximes , & un papier vû par un seul témoin qui en ignoroit le
contenu ; le P. Girard avoit au contraire des sentimens si oposez & si Chrêtiens , qu'ayant quelque scrupu-
le d'avoir laissé la Cadiere après quelques vivacitez , & peut-être quelques mensonges pour se dispenser de
lui remettre le Journal du Carême , il recommande en sortant à la Tourriere de lui dire de ne pas man-
quer de se reconcilier avant la Communion. Quel Quiétiste ! [V. sa Lettre du 15. Août 1730.]

Ce grand nombre de passages que l'on a extraits des Lettres du P. Girard
& de la Cadiere , jointes à la Procedure , & mises en parallele avec les erreurs de Molinos dans un [a] imprimé , employé pour la défense de cette
fille , & que nous avons verifié sur les Originaux , forment encore une
démonstration parfaite contre ce Jesuite de ses sentimens infecté de Quiétisme. 1 3 0.

1 3 0. On devoit bien plûtôt être indigné par cette imaginaire verification ; de voir tant d'infidelitez &
tant de ridicule dans ce Parallele : donnons-en un exemple. Le P. Girard disoit à la Cadiere dans sa Let-
tre du 16. Juillet , Ne dites jamais je ne veux pas , je ne ferai pas , le saint amour seroit bien blessé
de cette resistance , & j'aime assez mon Dieu pour être infiniment touché d'une pareille faute , si
vous en éties capable , quand la nature s'oposeroit fortement aux vûes de Dieu. On place cette exhor-
tation si chrêtienne en parallele avec la 17. proposition de Molinos , où l'on lit , Le libre arbitre étant
remis à Dieu avec le soin & la connoissance de nôtre ame, il ne faut plus avoir égard aux tentations ,
ni se soucier d'y faire aucune resistance , si ce n'est la negative sans aucune autre aplication ; que si
la nature se meut , il faut la laisser agir. Quel étrange parallele ! Le P. Girard exhorte à ne point re-
sister au St. Amour , Molinos à ne point resister aux tentations , celui-là veut qu'on méprise l'oposition
de la nature , celui-ci veut qu'on la laisse agir ; si les autres comparaisons entre les sentimens du P. Gi-
rard & ceux de Molinos , ne sont pas toutes si litteralement contradictoires , elles sont du moins toutes
aussi fausses.

Ces Lettres cependant entretenoient cette jeune Pénitente dans la prévention folle qu'elle avoit atteint la plus sublime perfection , & que ce n'é-
toit pas sans raison qu'elle étoit un objet de veneration consultée par les personnes du premier Ordre [b] sur l'interieur de leur consciences , invoquée
même. C'est ainsi que ce Directeur abusant de la credulité de sa Pénitente ,
la laissoit joüir du titre de Sainte. 1 3 1.

1 3 1. Cette jeune Pénitente de près de 21. ans accomplis ne devoit trouver dans ces Lettres que de su-
jets d'humiliation : citons-en au moins une pour nous contenir dans les bornes de la précision , il la repre-
noit severement le 26. Juillet d'une fausse démarche qu'elle méditoit contre l'ordre de Dieu , l'honneur de
la vertu , les graces de J. C. lui en representoit le scandale , & disoit , que sa conduite seroit regardée
comme n'ayant été qu'hipocrisie , dissimulation , artifice , mensonge , malice diabolique. Est-ce là
ce qu'on apelle la laisser joüir du titre de Sainte ?

Delà cette infortunée Pénitente toute pleine du Pere Girard & des effets
de sa Direction , étoit comme étourdie du bruit de sainteté qu'il lui atti-
roit ; 1 3 2.

1 3 2. Pourquoi tant de détours & d'attention à ne s'expliquer sur rien : Qu'est-ce qu'être pleine des
effets d'une Direction ? La Cadiere n'a-t'elle pas dit qu'elle étoit pleine de Demons , & des effets du soufle
*magique ? (v. les Lettres p. 2**.)*

Erreur où il l'entretenoit en la consultant pour lui même. [c] 1 3 3.

1 3 3. On cite trois Lettres du P. Girard , (lettre c) dans lesquelles il n'étoit question que de fixer le
jour qu'il devoit aller à Ollioules , ne diroit-on pas en lisant ceci qu'il la conseilloit sur son interieur ?

Cependant nous n'avons jamais oublié qu'à travers toutes les merveilles , ou tous les prestiges de cette Direction , on ne voyoit en elle

---

(a) Parallele des sentimens du Pere Girard avec ceux
de Molinos , justifié par les Lettres qu'il écrivoit à la
Demoiselle Cadiere , par ce qu'il lui enseignoit de même
qu'à ses autres Pénitentes , & par ce qu'il pratiquoit lui
même. Imprimé à Aix lors du Procès.

(b) M. l'Evêque de Toulon , l'Abbé Camerles son
Aumônier , le Pere Gaignet Jesuite. Lettre de la Cadiere du
22. Juillet. Lettre du Pere Girard du 29. Juin 1730.
(c) Lettre de l'Accusé du 16. Juillet , 3. & 4. Août
1730.

qu'un fujet affez [*a*] commun , une fille qui ne differoit de fes Compagnes que par fa jeuneffe , fa fimplicité & la prédilection de fon Directeur. 134.

134. Mais ces Compagnes avec lefquelles on fupofe un fi grand raport, avoient-elles des transfigura-tions en Ecce Homo ? des Stigmates fanglans ? des couronnes peintes avec du fang ? Imitoient-elles des Communions miraculeufes ? des Extafes ? Parloient-elles de leurs Vifions? de leurs Miracles ; &c.

Ses Compagnes [*b*] s'aidoient à la féduire , & c'eft la nouvelle Direc-tion qui lui avoit procuré ces funeftes liaifons. Ce n'étoient que des Péniten-tes du P. Girard , qui ne parloient que de lui , [*c*] qui étoient marquées au même fceau. 135.

135. Ne verrons-nous jamais que des expreffions envelopées ? Que veut-on dire par ces termes , mar-quées au même Sceau? Seroit-ce avec le Sceau des Stigmates? Mais un Sceau fi vifible & fi furprenant auroit été connu des Témoins & aucun n'en a parlé.

Le Directeur en faifoit l'objet de fes complaifances & de fes foins. Il por-toit fes attentions pour elles au delà de ce qu'un Confeffeur a jamais fait. Il entroit même pour beaucoup dans leurs plaifirs , & leur fourniffoit dequoi les affaifonner. [*d*] 136.

136. On demande des preuves & non de grands mots ; y en a-t'il affez pour être fcandalifez , de ce que le P. Girard permit une feule fois au clerc de la Maifon , d'aller fervir cinq ou fix Pénitentes , que l'une d'entr'elles devoit regaler à l'occafion de fa Fête.

Parmi ces Compagnes on doit diftinguer la fameufe Guiol , femme d'un Menuifier , Pénitente de l'Accufé , & comme l'on dit *ftigmatizée* , 137.

137. Voici enfin des Stigmates traitées avec une grande circonfpection , dans un procès où ils forment la principale preuve du crime . ou de l'impofture ; on en parle même avec cette reftriction , comme l'on dit , pour fignifier que les Auteurs de ces Motifs ne le difent pas ; mais quelle preuve de ce comme l'on dit. La Cadiere (dit-on fur la lettre f) le lui a foutenu ; mais il falloit ajoûter que la Stigmatifée l'avoit nié , & que le Témoin eft toûjours crû preferablement à l'Accufé.

[*e*] Admiratrice perpetuelle de la Cadiere, qui l'avoit accompagée dans fes voyages , qui fanctifioit par fes difcours & par fon exemple l'attrait de la Pénitente pour le Directeur , & les reconcilioit enfemble dans le be-foin. [*f*] 138.

138. Devoit-on parler ainfi d'une femme de vertu ? & adopter la fameufe fauffeté du mot Nos de fa lettre changé au mot Vos , qui donne ce fens criminel à une expreffion pieufe & chrétienne : (V. les Lettres p. 74.)

Mais ce qui met le comble à la féduction , & ce qui doit étonner d'avan-tage des Juges Chrêtiens , c'eft que moins la Pénitente étoit attentive à con-ferver l'efprit de Réligion , plus le Directeur lui en faifoit multiplier les actes. 139.

139. Il feroit bien facile de répondre à cet étonnement des Juges Chrêtiens , dont on comprend la mauvaife aplication , mais la moderation nous ferme la bouche.

Cette regle [*g*] de conduite nous a parû une des plus fures marques du Quietifme , tant reproché au Pere Girard. 140.

140. Une telle regle de conduite feroit plûtôt une marque de folie ; auffi parle-t'on fans la moindre preuve.

Perfonne n'ignore que c'eft l'erreur la plus fubtile & la plus dangereufe qui fe foit jamais introduite dans le Chriftianifme ; car fous prétexte d'une

(*a*) La Dame Aubert , Abbeffe d'Ollioules.

(*b*) La Dame Giraud 54. Témoin , dépofe avoir oüi dire à la Reboul , Pénitente de l'Accufé , qu'il y en avoit beaucoup en Paradis qui n'avoient pas fait tant de mira-cles que la Cadiere. La Sœur Boyer 97. Témoin , a oüi tenir ce langage à la fameufe Guiol.

(*c*) Magdelaine Jullien 12. Tém. Magdelaine Alle-mand 91. La Sœur Boyer 97. Anne Bartarel 38. Témoin.

(*d*) L'Accufé prêtoit à fes Pénitentes le Clerc des Je-fuites pour leur faire la Cuifine. Il l'a avoüé au 141. In-terrogatoire des Commiffaires. Dépofition de Catherine Joinville 100.

(*e*) La Cadiere le lui a foutenu dans fa confrontation.

(*f*) Lettre de la Guiol du 30. Août , au Factum de l'Accufé , page 30.

(*g*) Molinos dans fa Guide Spirituelle confeille la fre-quente Communion , & defaprouve *l'ufage des Pénitences* qu'on s'impofe à foi-même. C'eft auffi la Doctrine de la trente-huitiéme Propofition , condamnée par la Bulle d'In-nocent XI.

tinion avec Dieu, par l'esprit dont on pretend que les seuls mouvemens dé-
pendent de nous , elle calme les remords de la conscience sur tout le reste. 141.

141. *Cela signifie-t'il que moins un Quiétiste a de Religion , plus il en multiplie les Actes ? C'est pourtant ce qu'on s'est engagé de prouver , en citant Molinos sur la lettre* (g)

En comparant la Cadiere avec les personnes imbuës de cette erreur, nous avons trouvé dans la Pénitente , même conduite , même langage , mêmes simptômes. 142.

142. *Voilà d'un seul trait tous les quiétistes , stigmatisez , obsedez & possedez.*

Dans le Directeur , même Morale , mêmes caracteres, enfin même familiarité avec les choses saintes qui accoûtume à l'erreur, & qui la consacre
en quelque façon. 143.

143. *Voilà tous les Directeurs quiétistes devenus Sorciers , & tous les Prêtres qui celebrent chaque jour , accoûtumez à une erreur consacrée.*

Mais en cherchant le motif du langage mistique , qui étoit continuelle-
ment dans la bouche du Directeur , 144.

144. *Si l'on entend par langage mistique le recit des faveurs surnaturelles du Ciel ; ce langage n'étoit dans la bouche du Directeur , que pour empêcher la Pénitente d'en parler , & celle-ci malgré ces leçons , avoüoit ne pouvoir s'empêcher de le dire , comme parle le 68. Témoin n. 6.*

Et de son attachement pour sa Pénitente , nous avons réconnu la verité
de l'accusation formée contre lui , 145.

145. *Voilà le P. Girard réconnu coupable sur des supositions, il n'y a aucune de ses Lettres qui favori-se cette misticité quiétiste dont on veut parler , (voyez les Lettres page 11.)*

Et nous avons parfaitement compris que le P. Girard , homme comme
les autres , s'étant mis sans aucune necessité , & contre toutes les regles de
la bienséance , dans une occasion continuelle de chute , avoit fait une fu-
neste expérience de sa foiblesse ; 146.

146. *Juger un Directeur digne du feu pour avoir agi contre les regles de la bienséance , c'est con-noître mal les regles des Procès Criminels.*

Qu'il avoit seduit d'abord l'esprit de sa Pénitente , pour aller plus surément
au cœur ; que c'étoit à mauvais dessein qu'il avoit gagné sa confiance , &
qu'il éblouïssoit le Public par le fastueux apareil de sa Direction. 147.

147. *On veut éblouïr ici le Public par des grands mots qui ne disent rien,ce n'est pas que des stigmates & des transfigurations ne forment un apareil fastueux, mais cet apareil étoit-il attaché à la Direction? Le P. Girard les produisoit-il comme Directeur Sorcier ? Etoit-ce la Cadiere qui les étaloit au contraire comme fourbe & impie ? Voilà ce qu'il faudroit décider , en des termes plus simples & moins envelopez.*

Bien plus , sa conduite (a) à l'égard de ses autres Pénitentes , fait voir
tout à la fois , & la simplicité de la Cadiere , & l'abus horrible que le Pere
Girard en a fait , non par hazard & par occasion , mais par principe & par
habitude. 148.

148. *Ici commence la description de l'indigne serrail dont Chaudon a tant parlé , on cite pour preuve 5. dépositions , dont 3. ne disent absolument rien , les 2. autres sont la folle Battarel & la Sœur Boyer , mais celle-ci explique ce que dit l'autre , & fait voir qu'il ne s'agissoit que d'un simple désir de l'embrasser comme un Saint , (voyez les Lettres page 25.)*

Ici , pour peu qu'on soit touché du zele pour la Maison du Seigneur , on
ne peut qu'être indigné de voir un homme de cinquante ans à la tête d'une
Communauté Religieuse , Directeur du Seminaire de la Marine & du Dio-
cése , comptable de ses actions à tant de personnes , être tous les jours en-
touré d'une troupe de Dévotes choisies dans une condition basse , nourries

(a) Dépositions de Messire Giraud Curé , 2. Témoin , de laine Allemand 92. de la Sœur Boyer 97.
d'Anne Battarel 38. de la Veuve Allemand 39. de Mag-

des maximes d'une vaine fpiritualité , toutes marquées d'un caractere nouveau , qui femble devenir le Peuple élû de Dieu dès qu'elles font fous fa Direction , avec qui cependant ce Jefuite prend des libertés , (*a*) de qui il en
fouffre , qui fe les communiquent les unes & les autres , & fe raffurent par
cet exemple. 149.

149. *Voilà un ferrail bien modefte & reduit à des fimples indecences ; mais qu'eft-ce qu'être marquées d'un caractere nouveau; qu'eft-ce que devenir le Peuple élû de Dieu ? Si ce Caractere étoit magique comme on a voulu le prouver , c'étoit bien plûtôt le Peuple élû du Démon , & fur tout fi les Poffeffions de l'Allemand & de la Battarel étoient réelles comme celles de la Cadiere , fuivant le fifteme de ces motif ; on donne encore une fois pour preuve le baifer ridicule de la Battarel , la dépofition de Claire Berarde Servante actuelle de la Cadiere , & une confrontation où la Guiol fait au contraire l'éloge du P. Girard. Cette communication mutuelle eft une nouvelle fupofition ; les Pénitentes du P. Girard n'avoient à fe communiquer que fes pieufes inftructions.*

INCESTE SPIRITUEL.

Les hommes d'une certaine efpece agiffent confequenment fur tout dans
les démarches d'éclat; & dès que la vertu n'en peut pas être l'ame, il faut en
chercher la fource dans le crime. 150.

150. *Il n'y a donc plus d'action qui ne foit fondée que fur la Vertu ou fur le crime ? Quel excez !*

Or tout ce que nous avons remarqué nous amene naturellement à
l'Incefte Spirituel, & détruit ce vain & frivole prétexte, qui a été la raifon
triomphante de l'Accufé : *Il n'eft pas prouvé que le P. Girard foit Sorcier , donc
il n'eft point inceftueux ?* Auffi a-t'elle fait peu d'impreffion fur nous. 151.

151. *Mais fi le P. Girard n'eft pas Sorcier, rien n'excufe les Stigmates, la Couronne , les Transfigurations, le Vifage couvert de Sang , les Extafes, la Cadiere n'a plus été abufée à la faveur des Extafes , de l'Obfeffion , du Soufle Magique , & par confequent elle ne mérite aucune créance , & le P. Girard étoit accufé par des indignes & impies fupofitions.*

Nous n'avons pas befoin d'entrer dans le détail des infamies que la Cadiere dit s'être confommées dans fa chambre ; (*b*) nous ne voyons cette
chambre que par les dehors , le P. Girard en écartoit tout le monde en y entrant , & s'y enfermoit feul à feul avec fa Pénitente : 152.

152. *Ecarter le monde pour s'enfermer feul à feul à clef avec une jeune Pénitente , auroit été une conduite fi propre à manifefter un commerce , qu'il fuffit de la propofer pour en voir le ridicule : (V. les Lettres page 16.)*

Mais les foubçons fuivent naturellement une (*c*) pareille démarche qui
dans un Laïque prouveroit le crime par elle-même , en formant une préfomption , *Juris de jure.* 153.

153. *Voilà la plus fauffe de toutes les maximes ; le Droit & les Docteurs font au contraire d'une indulgence fi exceffive là-deffus , que ce ne feroit fuivant eux qu'une préfomption urgente , de trouver un homme & une femme nuds dans un même lit : (V. le chap. Litteris de præfumpt. & le chap. præterea de teftibus , avec les citations de la Glofe.) [Voyez fur les Préfomptions Juris & de Jure , les Lettres page 15.]*

On veut cependant que le préjugé ceffe en faveur du Directeur ; auffi
nous n'avons pas voulu le condamner par cela feul qu'il s'eft enfermé , ni
même fur l'expofition d'une fille , qui revele malgré elle fa turpitude, 154.

154. *Elle en avoit déja parlé à toutes fes amies , & fon nouveau Directeur avoit reçû d'elle une permiffion par écrit de reveler tout ce qu'elle avoit eu l'adreffe de lui dire en confeffion.*

(*a*) Aveu de l'Accufé au 140. Interrogatoire des Commiffaires , d'avoir été embraffé par la Battarel , dans une chambre de la Maifon de la Cadiere. Dépofition de la Battarel de l'avoir baifé dans l'Eglife , au Confeffional. Claire Berarde qui dit l'avoir furpris baifant la Guiol. Confrontation de la Cadiere avec la Guiol.

(*b*) Les deux expofitions de la Cadiere. Sa confrontation avec le Prieur des Carmes. Les confidences qu'elle faifoit aux Témoins 22. 38. & 97. dans le tems qu'elle étoit fous la Direction du Pere Girard , & qu'elle paffoit pour Sainte , & aux Témoins 39. & 92. avant le Procès.

(*c*) Claire Berarde 11. Témoin. Confrontation de l'Abbé Cadiere avec le Pere Girard.

Et qui est plus digne de foi que tant d'autres que l'on croit sur leur serment. 155.

155. On les croit , lorsqu'il est question de pourvoir aux besoins d'une part , & non pour condamner le Ravisseur à mort.

La difference que l'on fait d'un Laïque & d'un Directeur qui s'enferment tous deux , avec une personne de different Sexe , est fondée sur la prévention qu'on a naturellement contre l'un , & celle qu'on a également en faveur de l'autre ; mais il faut faire entre-eux une seconde difference , par raport au bon exemple & aux bienséances de l'état , qui n'est point en faveur de l'Accusé. (a) 156.

156. Ne semble-t'il pas encore ici que le P. Girard n'ait été accusé que d'avoir manqué aux bienséances ?

S'enfermer donc à clef , & seul avec sa Pénitente , est une action extraordinaire , que la seule necessité peut excuser , & que l'on présume d'abord innocente , parce qu'on la croit necessaire. Le Pere Girard pressé sur cet article , l'attribuë [b] à une espece *de necessité.* Nous ne pouvions pousser l'équité ou l'indulgence plus loin que de le juger par sa bouche. 157.

157. Plût-à-Dieu que là-dessus on l'eût au moins jugé par la bouche de la Cadiere , qui nous aprend qu'il lui lavoit quelque fois le visage ensanglanté , & beuvoit ensuite cette eau par moitié avec elle : cette action seroit seule capable d'exclurre toute idée du crime (V. les Lettres p. 17.)

Sa premiere raison est , *qu'il avoit alors à parler à sa Pénitente de l'interieur de sa conscience.* 158.

158. On prête ici au P. Girard une raison ridicule , & l'on cite pour cela sa réponse en caracteres italiques ; mais c'est une nouvelle supofition : il a dit que lorsqu'elle avoit à lui parler de l'interieur de sa conscience , Il renvoyoit quelquefois son Compagnon , il ne donnoit point la raison pour laquelle il avoit été fermé à clef ; il expliquoit seulement pourquoi il avoit été quelquefois seul chez elle.

C'est là une raison d'écarter le monde , mais non pas de se fermer à clef pour empêcher d'être vû : outre qu'il n'étoit pas possible qu'une jeune fille , d'une vie commune , & alors presque toûjours infirme , pût fournir par l'interieur de sa conscience à de si longs & de si frequens entretiens. 159.

159. Une fille à Visions , à Extases , à Stigmates , n'est pas une fille d'une vie commune , ou qui manque dequoi remplir ses Entretiens avec son Directeur.

La seconde est , dit-il , *pour voir ses playes ;* 160.

160. Le Lecteur à qui l'on dissimule que la Cadiere eût transformé des vieilles playes en Stigmates , est justement indigné de voir un Directeur fermé à clef pour voir des playes : (V. les Lettres p. 18.)

Mais il y avoit de l'indecence à voir celle du côté , (c) 161.

161. Le 13. tém. n. 8. nous aprend que la Cadiere avoit dit à la Battarel & à la Guiol , qu'il l'avoit vû avec toute la modestie chrêtienne : On releve des indécences dans une accusation d'Inceste , parce qu'en effet on n'a rien de plus à oposer.

Et plus que de l'indécence à la voir fermé à clef & sans témoins , 162.

162. Auroit-il été plus décent de la voir devant tout le monde ?

A la voir si souvent , sans souffrir que nul autre la vit avec lui ; 163.

163. Le mot souffrir supose contre la verité que d'autres vouloient la voir avec lui , & qu'il ne le souffroit pas ; nulle preuve d'ailleurs qu'il l'ait vûe souvent ni si souvent : on cite pour cela à la lettre (c) ces mots ordinairement sanglante , qui pouvant être expliquez de trois ou quatre fois , ne peuvent recevoir d'autre extension en matiere de crime , celui qui auroit vû une playe deux ou trois fois sanglante &, une fois dessechée ne s'exprimeroit pas autrement.

Pouvoit-il par la seule inspection de ses playes juger si elles étoient natu-

---

(a) L'Accusé répond d'une façon singuliere à l'Interrogatoire 55. Interrogé s'il s'enfermoit avec elle , il répond que *non* , & tout de suite il ajoûte , que cela lui est arrivé *quelques fois après Pâques.* Au 83. Interrogatoire il avoüe que cela lui est arrivé huit à neuf fois.

(b) Réponses du Pere Girard au 84. Interrogatoire des Commissaires.

(c) Il dit , au 77. Interrogatoire, que cette playe étoit ordinairement sanglante , ce qui démontre qu'il la voyoit ordinairement , il l'avoit même baisée , comme il paroit par la déposition de Messire Giraud 2, Témoin , à qui la Reboul l'avoit dit , & par celle de la Battarel 38. Témoin & la Cadiere l'a confirmé même dans sa variation.

relles ou non ? & si c'étoit des ulceres, comme il l'a dit dans ses défenses, ce n'étoit pas à lui à les visiter. 164.

164. C'étoit à lui non à visiter mais à voir une chose aussi prodigieuse que des Stigmates, pour connoitre ce qu'il devoit en penser par les circonstances & par les éclaircissemens qu'il étoit obligé de prendre ; il auroit très-mal fait de commencer à divulguer ou le Miracle ou l'illusion.

C'est dans ses entretiens secrets qu'il avoit porté la main sur le sein (*a*) de sa Pénitente, *pour voir si sa poitrine & ses côtes étoient relevées ;* pouvions-nous croire cet attouchement nécessaire ? 165.

165. Il semble qu'il soit question ici des plus criminels attouchemens (V. les Lettres p. 18.) Un Directeur incestueux au milieu d'un commerce de six mois, joint aux plus sales libertez & à la docilité d'une Pénitente qui se mettroit à nud devant lui, n'auroit que faire de toucher deux côtes, & de voir un Ulcere : Il est visible que c'est là tout ce qu'on a à lui reprocher, parce qu'il a eu la bonne foy d'en convenir.

La troisiéme raison est, *de prendre une serviete & des coëffes teintes du sang de sa Pénitente, & une Croix garnie de pointes ;* mais il y avoit encore là moins de necessité de se fermer à clef, outre que c'étoit l'affaire d'un moment. 166.

166. Ces raisons paroissent ridicules, mais c'est aux dépens de la verité ; si l'on ajoûtoit qu'il étoit question d'une Serviete sur laquelle la Cadiere pretendoit qu'un Ange avoit empreint son visage ; des coefes teintes par le sang d'une couronne miraculeuse ; d'une Croix venuë du Ciel, & d'une autre pour servir d'instrument de Pénitence ; on connoîtroit la necessité de les recevoir sans témoins, & d'éviter les abus que les Cadieres en auroient fait, en divulgant ces prodiges.

La quatriéme raison ne peut être que fausse, c'étoit, dit-il, pour assister aux ravissemens de sa Pénitente, *dont il ne vouloit pas que le Public fut témoin,* tandis qu'ils se passoient au vû & sçû de toute la Ville. (*b*) 167.

167. On cite sur la lettre (b) pour cette publicité le 55. tém. qui n'a vû que des convulsions tenuës fort secretes. Les autres que l'on supose déja cités, ne se raportent qu'à la Transfiguration du 8. May. (V. les Lettres p. 4.)

Nous avons encore observé que la Cadiere avoit très-souvent des accidens convulsifs lorsque le Pere Girard étoit enfermé avec elle, très-souvent même il la trouvoit en cet état en entrant dans sa chambre ; 168.

168 Voilà rencherir sur les supositions, il n'y a aucune preuve que le Pere Girard l'ait trouvée une seule fois en cet état, & l'on dit qu'il l'a ainsi trouvée très-souvent.

Quel besoin de s'y arrêter ? *Il attendoit,* dit-il, (*c*) *que l'accident eût passé pour lui parler de Dieu ;* mais ne pouvoit-il pas prendre un tems plus convenable que celui du retour d'un accident ? y avoit-il à craindre pour la vie de la malade ? 169.

169. La réponse du P. Girard n'est aplicable qu'au tems de la maladie qu'elle qualifioit d'Obsession, lors de laquelle la Laugier a déposé qu'elle ne la quittoit ni jour ni nuit (V. les Lettres p. 17.)

D'ailleurs ces accidens semblables à ceux de la Laugier (*d*) la mettoient ou pouvoient la mettre dans des situations capables d'allarmer la pudeur des moins scrupuleux ; le Pere Girard étoit-il tranquille ? & s'il ne l'étoit point, pourquoi rechercher ces occasions ? 170.

170. On n'a pas dû comparer le délire de la Laugier dans une maladie réelle, avec les scenes que joüoit la Cadiere par ses Extases.

Pourquoi n'apeller personne de la Maison pour porter un secours qu'il ne lui convenoit pas de donner, & dont la malade pouvoit avoir besoin ? 171.

(*a*) Réponse de l'Accusé au 12. Interrogatoire, des secondes Réponses par devant les Commissaires : il dit, qu'il toucha les côtes par dessus le mouchoir qu'elle portoit au col. Il convient d'avoir dit à la Cadiere, qu'il avoit lui-même *le côté droit plus élevé que l'autre.* N'est-ce pas là un aveu de cette playe interieure dont il disoit à sa Pénitente que la volonté de Dieu étoit qu'elle s'unit à celle qu'elle avoit elle-même au côté gauche, ainsi que le déposent la Battarel 38. Témoin, la Sœur Boyer 7. Té.

(*b*) Marguerite Ricaud 55. & tant d'autres déja citez, & qui en ont eux-mêmes été les spectateurs.

(*c*) Réponse de l'Accusé à l'Interrogatoire 59. des Commissaires.

(*d*) Marguerite Lapose 52. Elisabeth Gueita 98. Lucresse Ardisonne 103. Les amies de la Laugier disoient que c'étoit un mal divin. Claire Roque 42. Therese Bonifai 43. & tant d'autres déja citez.

171.

171. On dissimule ici qu'il n'est parlé dans le procés que d'un seul accident que la Cadiere ait eu à Toulon, lorsqu'elle étoit seule avec le P. Girard dans le tems qu'il la confessoit, & la Laugier qui s'étoit écartée à cette occasion, dépose que le P. Girard fut l'apeller au secours. 4. tém. n. 15.

Peut-on penser favorablement de lui dans cet état, lorsqu'on le voit agir dans la Maison de la Laugier, en pareils accidens, d'une maniere si suspecte ? Cette autre Pénitente du Pere Girard se roule dans son lit d'une façon à scandaliser les spectateurs, par ses attitudes, par ses blasphêmes, & par les extravagances qu'elle dit de son Directeur ; ce Jesuite vient chez elle, *fait sortir tout le monde de la chambre, s'enferme seul à clef, & l'accident s'evanoüit.* (a) 172.

172. Toute cette citation en caractere italique est entierement suposée : On cite sept témoins sur la lettre (a) il n'y a pourtant que la seule Juliene, non confrontée, parente de la Cadiere, & femme du fameux Artigues, qui ait parlé de fermer à clef ; mais qui ne dit pas non plus que les autres, que le P. Girard ait fait sortir personne, qu'il ait lui-même fermé la porte, & moins encore que l'accident se soit évanoüi : il y a preuve au contraire par les mêmes tém. citez qu'il fut apellé jusqu'à trois fois, & qu'il refusa à la fin d'y aller.

Si à ces réflexions on joint l'idée de sa conduite avec la Cadiere pendant les trois premiers mois de séjour qu'elle a fait dans le Monastere d'Olioules. 173.

173. Nulle exactitude ; on parle de trois premiers mois, & elle n'a été au Couvent que trois mois onze jours.

Pourra-t'on douter encore des desseins criminels que ce Directeur avoit sur sa Pénitente ? Malgré un éloignement assez considerable, pour ne faire que des Voyages necessaires, & par un pur mouvement de zele & de charité, dont on ne voit pas même de prétexte ; il la visite deux fois par (b) Semaine. 174.

174. On pouvoit dire deux ou trois fois, puisque le témoin cité à la lettre (b) le dit ainsi ; mais il faloit ajoûter que ce même témoin a reconnu dans la confrontation n'en avoir rien sçû que par oüi dire à la Cadiere & à l'Abbesse : Or l'Abbesse 19. tém. n. 10. fixe ces visites de 10. en 10. jours, & la Cadiere de 15. en 15. & quelque fois de 8. en 8. sur le 85. Interrog. cette préference donnée à un témoin qui ne sçait rien que par oüi dire sur des preuves si expresses du contraire, est bien convenable à ces Motifs.

Les dépositions des Réligieuses Clairistes nous aprennent à quoi ces frequentes conferences à l'Eglise ou au Parloir (c) étoient employées. 175.

175. On apelle des Visites de 15. en 15. & de 10. en 10. jours de frequentes conferences [V. les Lettres p. 22. sur les faits raportez sous la lettre (c)]

Il lui écrit chaque jour une fois au moins & souvent deux 176.

176. Il en est des frequentes lettres comme des frequentes visites, on cite celle du 22. Juillet qui ne marque que la peine qu'il avoit d'avoir été une seule fois obligé d'écrire trois lettres en trois jours, dequoi elle s'excuse dans sa réponse du 24.

La seule de ses Lettres qui est restée sans être suspecte d'alteration, présente des idées afreuses du crime que les détours les plus recherchez & les plus obliques n'ont pû couvrir. Les dernieres paroles qu'elle renferme, où il fait valoir tant de *titres pour interesser un bon cœur :* (d) Reflechissant uniquement sur la Créature, pourroient-elles jamais être susceptibles d'une bonne & saine interpretation. 177.

(a) Magdelaine Julien 12. Anne. Bellonne 46. Marie Laugiere 53. Therese Villeneuve 99. Catherine Joinville 100. Lucresse Ardissonne 103. Catherine Ferrand 108. Témoin.

(b) Marion Hermite 94. Témoin.

(c) Il la voyoit seul au Parloir, la petite fenêtre de la grille ouverte. Confrontation de la Sœur Aubani avec la Cadiere. A la grille du Chœur la petite fenêtre aussi ouverte, où il la baisoit, sans respect pour le Saint Sacrement, & lui touchoit la main. Sœur Guerin, Sacristine 26. Témoin. Marie Materonne, Tourriere, 8. il la baisoit aussi au Parloir & ailleurs. Lucresse Materonne 25. Sœur Duprat 24. pendant qu'il étoit dans l'Eglise pour lui parler à la grille du Chœur, il fermoit la porte de l'Eglise, & lui faisoit fermer la porte interieure du Chœur, Sœur de l'Escot 20. Tém. Sœur Duprat 24. dans leur recollement.

(d) Lettre de l'Accusé du 22. Juillet 1730.

H

17-. *Bien plus naturellement que d'une mauvaise , puisqu'il n'employoit ces expressions que pour obt*
tenir des Prieres (V. les Lettres p. 19.)

Non plus que tant d'autres qui ont également scandalisé les personnes mondaines , & celles qui ne le font pas. 178.

178. *Le scandale n'est venu que de leur mauvaise interpretation.*

Si l'on s'arrête enfin un moment à l'époque de leur séparation , si l'on en pesé toutes les circonstances , on remarque le plus fort attachement du Directeur pour sa Pénitente (*a*) ne prenant son congé que forcé , & lui offrant toûjours ses *services* ; 179.

179. *Il étoit si peu forcé qu'il resista aux plus vives expressions des trois dernieres lettres de la Cadie-*
re , qui employoit toute sorte d'adresse & de supositions pour tacher de le retenir.

Et les faux prétextes qu'il lui suggere pour colorer cette rupture , choquent également la verité & la vrai-semblance. 180.

180. *Ils la choquent parceque ce sont des pretextes que sa charité lui suggeroit pour sauver l'honneur*
de la Cadiere , en lui donnant moyen de faire voir qu'il ne la quittoit pas pour avoir reconnu ses impies
fourberies.

Les actions font ici naître les soupçons , l'éxamen les fortifie & les porte jusqu'à l'évidence. Le Pere Girard a souffert que ses Dévotes le baisassent, sans cesser de les diriger. Il ne s'est pas fait un scrupule de prendre avec elle cette liberté dans l'Eglise , ailleurs , même jusques dans le Tribunal de la Pénitence. Chacune d'elles s'est avoüée le fait. 181.

181. *Voilà une grande multiplication de baisers ! Il n'y a cependant jamais eu que la Battarel assez*
folle pour déposer qu'elle n'étoit qu'un avec Jesus-Christ incorporé corporellement en elle , qui ait eu le
simple desir , non de le baiser , mais de l'embrasser comme un Saint , ainsi qu'elle le dit alors au 97. té-
moin n. 15. (V. les Lettres p. 25.) c'est la même Battarel confessée & exorcisée par le Carme. Loin
d'avoüer rien de semblable , aucune autre n'a parlé que de sa pieté & de sa modestie , jusqu'à la Batta-
rel elle-même qui donne lieu à cette étrange exageration.

L'accusation de la Cadiere en ce point est soûtenuë par (*b*) plusieurs témoignages. 182.

182. *Quels témoignages ! On cite lettre (b) les deux expositions de la Cadiere , la même Battarel*
& l'aveu que le P. Girard a fait d'en avoir été embrassé par surprise : (V. les Lettres p. 22.)

Cette liberté n'en amene t'elle pas d'autres avoüées encore , 183.

183. *Et par qui avoüées ? On avance de pareils faits sans la moindre preuve & sans aucune citation.*

Qui d'ailleurs font d'une nature à ne pouvoir être prouvées par des Témoins oculaires ?

Voilà donc la consommation du crime ; voilà à quoi conduisent les aveus que l'on vient de suposer.

Tout annonce les dernieres chutes , & tout y prépare. Nous avons vû l'Accusé jetter dans la premiere année de direction des semences d'erreur dans l'esprit de sa Pénitente , & substituer une spiritualité pernicieuse, à la simplicité de l'éducation. De l'esprit il a passé au cœur, & pour y faire entrer l'amour prophane , il l'a transformé en amour divin , 184.

184. *Tout cela est contredit par les propres expositions de la Cadiere & par toutes ses réponses , elle*
attribue tout à un souffle magique , & à l'Obsession arrivée , non la premiere année , mais quatorze
mois après.

Quand il a fallu s'assurer d'elle , le Directeur a montré les mêmes reserves qu'avoient eu les autres Confesseurs ; quand il l'a dressée selon ses vuës , & qu'il a voulu se l'assujettir , il a mis tout en œuvre, conversations éternelles , lectures , messages, exemples , complaisances , formules de Confession,

---

(*a*) Lettre de l'Accusé du 15. Septembre 1730.
(*b*) Les deux expositions de la Cadiere. La déposition de la Battarel, qui avoüe l'avoir baisé , & dans la Maison de la Cadiere , & dans le Confessional. Témoins ci-dessus. Aveu du P. Girard au 140. Interrogatoire des Commissaires.

frequens Voyages, Lettres enfin confecutives, quand il n'a plus été à portée de la voir tous les jours. 185.

185. Nous avons fait voir en détail la fupofition de tous ces faits.

Ces Lettres refpirent encore la paffion, malgré leur changement, & la
fupreffion (*a*) d'un certain nombre, 186.

186. Si le P. Girard déja dépeint comme prudent felon la chair avoit changé fes Lettres, refpire-
roient-elles la paffion ? Auroit-il manqué d'en produire un nombre fuffifant, & s'il y en a dix de moins
comme l'on obferve fous la lettre (a *) ne voit-on pas que c'eft à caufe que la Cadiere ne les lui a pas*
toutes renvoyées.

Et font afforties au plan du Séducteur ; c'eft un mêlange perpetuel de pieté & de galanterie. 187.

187. Elles ne feroient donc pas refaites ? Mais qu'on prenne la peine de les lire, elles ne refpirent
que la piété.

Il avoit pris dès le commencement des précautions (*b*) pour empêcher
qu'elles ne fuffent interceptées ; & pour mieux tromper les perfonnes qui
pouvoient éclairer fes démarches, il avoit foin d'en envoyer deux à la fois
d'une efpece differente, l'une à pouvoir être montrée, & l'autre (*c*) pour
la feule Pénitente ; la pieté connoît-elle ces rufes & ces détours. 188.

188. Non, la piété ne connoit point les rufes tout comme la Juftice ne connoit point les fupofitions,
loin que la Battarel ait avoüé d'être la porteufe de ces Lettres fecretes, comme l'on dit fur la lettre (c *)*
qu'elle a fait dans une confrontation qui feroit inconnuë, & par confequent indifferente au P. Girard ;
elle dit feulement qu'elle remit une feule fois une Lettre à la Cadiere en particulier, à caufe qu'elle re-
gardoit l'interieur de fa confcience, & deux à l'Abbeffe avec qui le P. Girard étoit en relation, ainfi
qu'avec la Dame de Rimbaud : l'on ajoûte que l'Abbeffe avoit alors accordé de ne point ouvrir fes Let-
tres, & l'on cite pour cela celle du 5. Juin, autre fupofition : la Lettre citée ne le dit pas ; & il eft
juftifié par celle du 26. du même mois, que le P. Girard n'obtint permiffion de confeffer la Cadiere, &
confequemment de lui écrire en particulier à l'exemple de tous les Directeurs que le 24.

Parmi ces Lettres, celle qui porte le nom de la Guiol, (*d*) mérite une
attention particuliere ; car elle prouve quatre chofes effentielles, qui font
comme l'abregé de ce procès 1°. Que le Pere Girard étoit paffionné pour fa
Pénitente. 189.

189. Oüi, mais c'eft à la faveur de la fameufe fauffeté obfervée dans les Lettres page 74.

2°. Que cette fille étoit dans la bonne foi. 190.

190. La Guiol la blâme au contraire de ce qu'elle n'a pas répondu fur le champ avec fimplicité ;
c'eft-à-dire, avec bonne foi.

3°. Que pour la tromper, & le Public avec elle, il couvroit fes honteux
deffeins du voile de la Réligion. 191.

191. Mais c'eft en faifant regarder la vifite du P. Girard comme le plus grand de tous fes bonheurs,
& par confequent en adoptant la même fauffeté obfervée dans les Lettres page 74.

4°. Enfin qu'il n'a pas été le maître de tenir plus long-tems la Cadiere fous
fa Direction, & combien il lui en a coûté pour s'en feparer. (*e*) 192.

192. On interprete pour cela fans le moindre fondement l'extrême affliction du P. Girard, qui fe
voyoit par fa credulité, l'auteur innocent de la profanation la plus étrange, de ce que la Religion a de
plus facré, en l'affliction d'être obligé de fe retirer (V. les Lettres p. 65. & 66.

(*a*) Le P. Girard confronté avec le P. Cadiere, convient d'avoir écrit 24. ou 26. Lettres à fa fœur, & il n'en
reprefente que 14.

(*b*) Lettre de l'Accufé du 5. Juin 1730. à l'Abbeffe,
où il lui demande de lui accorder que fes Lettres puiffent
aller à cette fille fans *être vûës.*

(*c*) La Battarel dans fa confrontation avec le Pere Cadiere, avoüe avoir été la porteufe de ces Lettres fecretes.
Le Pere Girard dans fes réponfes pardevant la Cour, dit
que cela n'eft arrivé qu'une fois, & avant que l'Abbeffe
lui eût accordé de ne point ouvrir ces Lettres ; cependant
cette faveur lui fut accordée dès l'entrée de cette fille dans
le Monaftere, comme on le voit par fa Lettre du 5 Juin.

(*d*) Lettre de la Guiol du 30. Août 1730.

(*e*) La Lettre de la Guiol eft du 30. Août, tems auquel M. l'Evêque vouloit donner un autre Confeffeur à
cette fille. Voilà le fujet de la grande defolation dont il eft
parlé dans cette Lettre.

L'incefte étoit l'effet naturel de la paffion du P. Girard ; la groffeffe & l'avortement font la fuite de l'incefte. La groffeffe eft affez indiquée par un dégoût mortel, [*a*] & des vomiffemens continuels, qui en font les fimptômes ordinaires, 193.

193. On apelle cela tirer parti de tout ; l'artifice avec lequel elle feignoit d'être nourrie de viandes fpirituelles, eft ici transformé en dégout mortel, & le dégout en fimptôme de groffeffe, pour fervir de preuve à un crime digne de mort.

Et le breuvage que le Directeur donnoit à fa Pénitente, [*b*] eft la preuve de l'avortement. 194.

194. L'on fupofe ce breuvage comme un fait inconteftable, cependant l'on ne cite que la feule fervante, quoi qu'elle ne parle uniquement que de l'eau fraiche.

Il a d'abord nié [*c*] d'avoir donné aucun breuvage, enfuite il s'eft expliqué, & il a dit, *que c'étoit de l'eau pure* [*d*] 195.

195. On diroit à lire ceci qu'en s'expliquant le P. Girard ait rendu compte des drogues dont il s'étoit fervi ; il a nié d'avoir donné aucun breuvage ; il a avoué d'avoir par charité porté de l'eau ; cela eft tout fimple & ne renferme aucune explication ; mais on voudroit infinuer qu'il a avoué d'avoir donné un breuvage.

Ce fait ainfi conftaté eft relevant, car qui obligeoit le Confeffeur à cet office ? C'eft *par charité*, a-t-il répondu, mais c'eft-ici une vertu fufpecte, l'eau auroit été portée fans lui par les gens de la Maifon, & c'étoit bien affez d'avertir, fans fe donner la peine de l'aller prendre, & de vouloir la porter lui-même. 196.

196. Mais pour avertir il falloit defcendre au bas de la maifon, devoit-il rémonter enfuite fuivi d'une fervante, occupée à fervir feule fept à huit perfonnes, lors qu'il n'étoit queftion que de monter une Ecuelle d'eau ? On veut ici que le Lecteur penfe qu'il mixtionoit fecretement cette Eau en chemin ; mais s'il a lû les Lettres imprimées il aura vû page 27. que la Cadiere fupofe d'avoir pris fciemment ce breuvage comme un remede ; la moindre reflexion fuffit même pour connoître qu'il feroit impoffible de donner une mixtion pour de l'eau fraiche & pure.

Outre qu'on a lieu d'être étonné qu'il n'ait jamais pris un vafe [*e*] tranfparant. 197.

197 Si l'on entend parler d'une bouteille, il eft vrai qu'il n'auroit pas été expofé à répandre cette Eau ; mais fi c'eft d'un verre à boire, il faudroit être étonné qu'il s'en fut fervi fans en verfer les trois quarts.

S'il ne s'agiffoit que d'eau fimple, pourquoi borner cette charité à donner de l'eau & non autre chofe ? à ne la donner que *huit jours de fuite* ? à ne la donner qu'une fois par jour ? à empêcher que d'autres que lui ne la donnent ? 198.

198. Les huit jours de fuite, mis en caractere italique, font une pure fupofition ; la fervante témoin unique de cette Eau portée, dépofe que c'étoit fouvent & dans l'efpace du Carnaval au 5. Juin. On demande pourquoi de l'eau & non autre chofe ? N'eft-ce point là une puerilité ? Et faut-il répondre que l'eau fuffifoit pour étancher la foif ? Il en eft de même de cette autre queftion pourquoi ne la donner qu'une fois par jour.

Si c'étoit de l'eau pure & non rougeâtre, pourquoi la Pénitente dans fa variation n'a-t-elle pas nié la couleur ? il ne lui en coûtoit pas d'avantage. 199.

199. Elle vouloit s'excufer d'avoir dit que le P. Girard lui avoit donné un breuvage de couleur rouge, elle craignoit les fuites d'une retractation entiere, qui l'auroit convaincuë de la plus noire calomnie.

(*a*) Pendant le Carême de 1730.
(*b*) Claire Berarde 11. Témoin.
(*c*) Réponfe de l'Accufé à l'Interrogatoire 101. des Commiffaires.
(*d*) Réponfe du même à l'Interrogatoire 102.

(*e*) Claire Berarde 11. Témoin, dépofe que l'Accufé venoit fouvent prendre une écuelle d'eau à la Cuifine, & ne vouloit pas qu'aucun autre s'en mêlât, quoiqu'on le lui offrit. Il n'a pas été interrogé par les Commiffaires fur les circonftances marquées dans cet article.

Cependant

Cependant on a crû devoir lui faire expliquer cette couleur. (*a*) 200.

200. *Voyez sur l'injure que l'on fait ici aux Commissaires les Lettres* page 37. & 38.

Et dire que *cette eau étoit teinte de son sang , parce que seignant du nez* lorsque le P. Girard la lui presentoit , *il en tomboit quelques goutes* qui la rougissoient. Explication fâcheuse & bien contraire à la vrai-semblance. 201.

201. *Il ne faut pas en être surpris puisque c'étoit une mauvaise excuse.*

Ces goutes periodiques & obéïssantes confirment toute l'idée du crime. 202.

202. *Elles confirment l'idée d'une mauvaise excuse , & font voir que la Cadiere n'avoit pris ni breuvage rouge , ni eau rougeâtre.*

De plus cette teinture de sang n'auroit-elle pas d'abord rebuté cette fille , & quelque ardente qu'eût été sa soif, auroit-elle pû la porter à boire son propre sang , mêlé avec une liqueur qu'on pouvoit si promptement & si facilement remplacer ? 203.

203. *Cela ne sert qu'à confirmer qu'elle n'avoit reçû du P. Girard que de l'eau pure.*

L'eau pure & simple ne produit pas d'aussi puissans effets que celui qui a suivi le breuvage donné par le P. Girard. Nous entendons parler ici de la grande perte de sang [*b*] survenuë à la Cadiere. 204.

204. *Personne ne soûtient que l'eau pure produise de grandes pertes ; mais on demande où en est la preuve ?*

L'Accusé a été aussi embarassé sur cet article, que dans le precedent. on lui demande si tous ces breuvages [*c*] n'avoient pas procuré une perte de sang à la Cadiere , & il répond , *qu'il n'a jamais donné de breuvage.* Il avoüe néanmoins ensuite cette perte , [*d*] qu'il dit lui avoir été donnée pour miraculeuse par sa Pénitente ; 205.

205. *On lui fait avoüer cette grande perte causée par le puissant effet du breuvage , & dans la réponse citée lettre* (d) *il dit au contraire que la Cadiere disoit , que le Seigneur renouvelloit son sang petit à petit.*

Mais il se contredit dans cette imputation; car dans ses Réponses personnelles , [*e*] il fait dire à la Cadiere , que Dieu lui ôtoit tout son sang *pour la renouveller* , & dans ses Défenses , [*f*] *pour la faire mourir.* D'ailleurs ce Jesuite étoit-il homme à se laisser prendre par des raisons aussi pueriles l'une que l'autre ? 206.

206. *Voilà peut-être le premier exemple que l'on ait reproché , une contradiction entre des réponses personnelles , & les défenses d'un Avocat non signées par l'Accusé , contradiction d'ailleurs si puerile , que ce n'étoit pas la peine de parler ainsi dans un Ouvrage serieux.*

On reprochoit encore à l'Accusé d'avoir vû avec une curiosité trop interessée le vase plein de sang perdu par la Pénitente , & d'avoir demeuré present & à côté d'elle, tandis qu'elle rendoit ce sang ; 207.

207. *Voilà un fait bien grave , mais dont il n'y a pas la moindre trace ni la moindre preuve.*

Il avoüe (*g*) *l'avoir vû* ; preuve d'une familiarité bien indigne , & d'avoir *vû une liqueur noirâtre* : preuve de la cause de cette perte ; 208.

208. *Sur ces deux aveus & ces deux conséquences , on croiroit que le P. Girard ait avoüé l'indigne familiarité d'avoir vû rendre ce sang. Voici pourtant l'unique aveu qu'il ait fait , il dit qu'étant surpris de ce que disoit la Cadiere , que le Seigneur lui faisoit perdre tout son sang petit à petit pour la reproduire tout de nouveau , elle prit un jour un pot de chambre dans lequel il y avoit une liqueur noirâtre qu'elle emporta sur le champ & mit dehors la chambre. Dans quelle extrêmité est - on reduit pour faire qu'un innocent paroisse digne du feu ? Peut-être sera-t'on instruit quelque jour que cette liqueur noirâtre étoit du sang pris à l'égorgerie.*

(*a*) Réponse de la Cadiere à l'Interrogatoire 126. & le 21. de sa variation.

(*b*) Vers le milieu d'Avril 1730.

(*c*) Réponse de l'Accusé à l'Interrogatoire 105. des Commissaires.

(*d*) A l'Interrogatoire 106. & suivans.

(*e*) Au même Interrogatoire 106.

(*f*) Page 36. de son premier Factum.

(*g*) Réponse au même Interrogatoire 106.

I

Mais dans ſes Réponſes (*a*) il a *vû prendre & emporter le vaſe ſur le champ ;* & dans ſes Défenſes, il dit, qu'on le lui a (*b*) *montré.* 209.

209. *L'on cite en caractere italique ces mots a montré, & l'on ſuprime qu'il y a dans l'Original montré en paſſant ; une contradiction entre des réponſes perſonnelles & des défenſes, ne méritoit pas que pour la trouver on fit les frais d'une auſſi étrange ſupreſſion.*

Ce mot juſtifie aſſez le reproche & l'interêt qu'il y avoit à le voir ; à quel autre deſſein l'auroit-il vû, ſi ce n'eût été pour verifier le parricide effet du breuvage ? (*c*) 210.

210. *Le P. Girard à vû, par la ſeule neceſſité de voir lorſqu'on n'a pas les yeux fermez.*

N'eſt-ce pas inſulter aux lumieres des Juges que de vouloir leur faire entendre qu'un pareil examen n'étoit que pour ſçavoir ſi la cauſe de cette perte étoit naturelle ou divine ? Cet examen étoit-il le fait du Directeur ? 211.

211. *Il ſemble qu'il y ait dans ces Motifs une eſpece d'encheres ſur les ſupoſitions, comme ſur les raiſonnemens ; le mot* montré *déja ſeparé des mots en paſſant, eſt à preſent converti en* examen *; & comme ſi ce n'étoit pas aſſez, l'on ajoûte que le P. Girard fait entendre qu'il examinoit ſi la cauſe étoit naturelle ou divine : on vient de voir la réponſe qui donne lieu de parler ainſi.*

Ce ſang avoit-il quelque ſigne à pouvoir connoître pourquoi la Pénitente le perdoit ? Par le ſeul ſecours de ſon art comment-pouvoit-il diſtinguer d'où venoit cette perte, ſi elle étoit divine, ou ſi elle étoit naturelle ? 212.

212. *Ces mots* par le ſecours de ſon art, *ſupoſent encore que le P. Girard étoit Sorcier, & en ce cas le doute ſeroit ridicule autant que la ſupoſition.*

Pourquoi enfin l'apeller un mal divin, & empêcher la Mere allarmée, de conſulter des Medecins ſur l'état de ſa fille ? (*d*) 213.

213. *Nous avons déja obſervé ſur les citations de la lettre* (d) *que la Servante dit au contraire, qu'on avoit envoyé prendre un Medecin ; que l'Abbé Cadiere avoüe, que les Medecins venoient voir ſa Sœur ; & d'ailleurs il s'agiſſoit alors d'un mal anterieur de 4. ou 5. mois à l'époque du pot ; ce que le P. Girard dit au 20. temoin ſe raporte à 2. ou 3. mois après cette même époque ; de ſorte que ces preuves manquent & par elles-mêmes & par le tems.*

La Cadiere avoit dit dans ſon expoſition au Lieutenant, que ce ſang perdu après le breuvage étoit mêlé d'une maſſe *de chair,* elle le confirma dans la derniere confrontation, ſur quoi le P. Girard la reprit, en ſoûtenant que ce n'étoit qu'une *maſſe* de ſang ; *vous avez donc examiné mieux que moi ce que c'étoit,* lui dit la Pénitente, & le Directeur ne repliqua point. (*e*) 214.

214. *Il n'y a pas un mot de tout cela dans le Verbal du Greffier ; & en effet, le P. Girard opoſa des contradictions à la Cadiere ſur leſquelles c'eſt elle au contraire* qui ne répliqua point : *il auroit pû ajoûter qu'elle avoit parlé d'une maſſe de chair devant le Lieutenant, & d'une maſſe de ſang devant l'Official, & la replique n'auroit pas été moins difficile.* (Voyez ce Verbal au n. 37.)

C'eſt par le breuvage que le P. Girard avoit calmé les ſecretes allarmes que la conſommation du crime devoit naturellement lui cauſer ; 215.

215. *Quelles allarmes pouvoit-elle avoir, elle qui aſſure dans ſes réponſes* [ſur les 62. & 64. Interrog.] *qu'elle ne diſtinguoit les hommes & les femmes que par les habits, & qu'elle n'avoit jamais ſçû par où les enfans ſe faiſoient.*

Mais il paroit bien qu'elles ne l'avoient pas rendu plus reſervé, & qu'il y avoit encore donné lieu. Dans une de ſes Lettres à la Cadiere (*f*) il lui demande des nouvelles d'une ſupreſſion qui devoit l'inquiéter. *Marquez-moi,* lui dit-il, *quand & comment les biens ſont revenus. Je ſuplie celui qui en eſt l'unique ſource de les répandre ſur vous avec plus d'abondance que jamais, & que cette ſupreſ-*

(*a*) Réponſe au même Interrogatoire 106.

(*b*) Page 40. de ſon premier Factum.

(*c*) Claire Berarde 11. Témoin, dépoſe que lorſque la Cadiere lui remit ce vaſe plein de ſang, le P. Girard s'écria par deux fois, *quelle imprudence !*

(*d*) Claire Berarde 11. Témoin.

Aveu du P. Girard dans ſa confrontation avec l'Abbé Cadiere. Il diſoit auſſi à la Maîtreſſe des Novices d'Olioules, que le mal de la Cadiere étoit ſurnaturel, 20. Témoin, dans ſon recollement.

(*e*) Confrontation mutuelle pardevant la Cour.

(*f*) Lettre du 30. Juillet, trois ſemaines après qu'il eût été fermé avec elle dans une chambre du Monaſtere d'Olioules.

sion qui a été mise en vous par vos fautes, soit comme une digue enfin rompuë, après quoi les eaux inondent & entrainent tout. 216.

216. *On ne sçait à la verité quel nom donner à cet abus étrange des expressions les plus Chrétiennes, la Grace comparée à une source d'eau vive par le Sauveur lui-même parlant à la Samaritaine, devoit bien arrêter l'affreuse aplication que l'on fait ici de cette comparaison : ces mots marquez - moi quand & comment les biens sont revenus, ne seroient susceptibles du sens qu'on veut leur donner, que dans une lettre dattée des petites maisons.*

C'étoit sans doute par le même motif, qu'à peine arrivé au Couvent, son premier empressement avoit été de demander à l'Abbesse & à la Maîtresse des Novices si la Cadiere n'avoit point *eû de perte de sang*, ce qui blessa extrémement la pudeur de ces Religieuses, peu accoûtumées à pareilles demandes (*a*) 217.

217. *Leur pudeur en fut si peu blessée que l'Abbesse dit expressément, qu'elle n'en jugea point mal, & chacun en jugeroit de même si l'on avoit ajoûté, que le P. Girard ne parloit que de la revolution que faisoit dans la Cadiere la communication des graces qu'elle recevoit de Dieu.*

Nous negligeons ici d'autres preuves (*b*) des crimes de la Direction du P. Girard, parce qu'il a fallû choisir ; 218.

218. *Un choix plus exact & plus fidelle, seroit bien plus convenable que cette vaine figure de Rhetorique.*

Il a prétendu les détruire par trois exceptions principales, qui néanmoins les laissent dans leur entier. 219.

219. *Le P. Girard n'a jamais eu besoin de détruire ce qui n'existoit pas : on veut le dépeindre ici comme un coupable qui ne se défendoit que par des exceptions odieuses : on va voir que celles - ci sont si mal choisies, qu'on n'y compte le complot pour rien, & bien-tôt l'on dira que ce Complot étoit le centre d'où partoient & aboutissoient toutes les défenses du P. Girard.*

Car, 1°. En mettant à part la sorcellerie, comme de trop dure créance, 220.

220. *En mettant le Sortilege à part, on mettroit à part la base, & l'unique base de l'accusation, le seul moyen d'excuser la Cadiere de ses impietez (V. les Lettres p. 14.)*

L'Accusatrice n'auroit manqué que dans l'attribution des effets merveilleux de la Direction du P. Girard ; 221.

221. *Voilà ce qu'on apelle éblouir au lieu d'éclairer ; peut-on concevoir la moindre idée distincte d'une attribution des effets merveilleux d'une Direction.*

En qui on trouveroit encore plus à redire de les avoir attribuez au doigt de Dieu, [*c*] & d'avoir d'abord fixé la croyance des Cadieres & du Public, incertains de ce qu'on en devoit penser. 222.

222. *C'est une grande injustice de trouver plus à rédire au Directeur qui croit sa Pénitente doüée de Stigmates & de faveurs du Ciel, qu'à la Pénitente qui joüe de Scenes impies pour le persuader : loin de fixer la croyance du Public, il ne cachoit rien avec tant de soin, la Cadiere interrogée par le 68. tém. (n. 6.) Si le P. Girard lui permettoit de publier toutes ces faveurs du Ciel, répondit, que non qu'au contraire il le lui défendoit, mais qu'elle ne pouvoit pas s'empêcher de le dire (V. les Lettres p. 48.)*

Mais que le P. Girard soit Sorcier ou non, sa Direction en est-elle meilleure & moins criminelle ? en est-il moins Quietiste ? en est-il moins homme ? 223.

223. *Non sans doute ; mais s'il n'est pas Sorcier la Cadiere est une fourbe & une impie.*

2°. La grande perte de sang de la Cadiere est survenuë vers le milieu d'Avril. La Cadiere, dit l'Accusé, pretend n'avoir été connuë qu'à son retour d'Aix, & sur la fin de May ; l'avortement est donc incroyable, se trouvant placé avant la premiere joüissance. 224.

224. *Placée par la Cadiere après le 19. May. (V. les Lettres p. 28.)*

[*a*] L'Abbesse & la Maîtresse des Novices, 19. & 20. 25. 26. 27. 38. 39. 100. Témoins, dans leur recollement.
[*b*] Les dépositions des Témoins 2. 19. 20. 22. 24.
[*c*] 11. 18. 20. 36. 98. Témoins.

Mais l'effet de cette espece de connoissance , qui est bien exprimée dans l'exposition à l'Official , ne désigne qu'un embrassement plus honteux [*a*] que la perte ne pouvoit indiquer. La Cadiere a fort bien distingué ce nouveau crime d'avec la joüissance , dont elle ne marque l'époque que d'une maniere générale , & ne la datte que du tems que le P. Girard la visitoit dans sa chambre , [*b*] & s'enfermoit avec elle. 225.

225. *La Cadiere a crû dans ses réponses par attenuation n°. 35. sauver la difficulté , en disant qu'elle ne détailla le fait arrivé après le 19. May ; qu'à cause que les autres fois elle n'avoit pas les sens libres , desavoüant ainsi cet embrassement plus honteux , mais elle n'a jamais pû expliquer en aucun tems , ce serment d'une fidelité inviolable , & ces trois mois de supression qu'elle dit avoir suivi l'action arrivée ce jour-là , après lesquels elle place son bizarre avortement du 10 ou 12. Avril precedent , c'est-à-dire , un mois & demi avant l'action , ce qui laisse la calomnie absolument à découvert :* (Voyez les Lettres p. 28.)

Or dès qu'il ne peut nier s'être enfermé seul à clef plusieurs fois , & sans aucune necessité avec sa Pénitente ; si hors de la Chambre , & croyant n'être pas vû , il prenoit des (*c*) libertez criminelles avec elle , comme avec d'autres , que n'aura-t'il pas fait dans la Chambre ? [*d*] 226.

226. *Voyez sur cet enfermement les Lettres page 16. & suiv. on tire ici des consequences sur des libertez criminelles qui n'ont aucune réalité , & des confidences faites par la Cadiere , lorsque brouillée avec le P. Girard elle se preparoit des témoins.*

3°. Comment a-t'on dit encore , les Cadieres ne se seroient-ils pas défiez du Pere Girard , s'il alloit voir sa Pénitente à mauvais dessein ? & pourquoi l'auroit-il envoyée à Olioules , si elle étoit l'objet de sa passion immoderée ? Ces pretextes sont encore plus foibles que les premiers. Les Cadieres sçavoient-ils que ce Directeur eût des vûës criminelles sur sa Pénitente , pour se défier de lui ? Une aveugle prévention en sa faveur jointe à l'idée qu'il leur avoit donnée de la sainteté de cette fille , il avoit écarté tous les soupçons ; 227.

227. *Ce qui les écartoit , c'est que le P. Girard avoit une vertu solide & au dessus de tout soupçon.*

Et s'il l'a faite sortir de Toulon , c'est parce que les frequentes visites commençoient à exciter quelques murmures , & ne pouvoient pas toûjours édifier les voisins. 228.

228. *Il n'y a dans le procès aucune trace de ces murmures , plus les témoins étoient voisins , moins ils avoient de soupçon ; Clere Sauvaire 91. témoin logée dans la maison même de la Cadiere , depose expressément n'avoir jamais porté aucun soupçon sur les visites du P. Girard.*

D'ailleurs n'a-t'il pas sçû se dédommager de l'absence par ses Lettres , & par ses Voyages , & tant de témoignages qu'a fourni le Monastere des Clairistes , où la Pénitente s'étoit retirée , ne démontrent-ils pas que le Directeur n'étoit pas plus chaste à Toulon qu'à Olioules. 229.

229. *Quel bizarre dédommagement que des Lettres , & des Voyages de 15. en 15. jours pour un inceste journalier ! On parle des témoignages desavantageux , fournis par le Monastere d'Ollioules , où cependant les Religieuses ont dit tant de bien du P. Girard , où aucune d'elles n'en a dit du mal ; quant au témoignage des Tourrieres , (Voyez les Lettres p. 22.)*

[*a*] Il l'embrassa *par derriere.* Exposition à l'Official. [*c*] Témoins 8. 11. 24. 25. 26. 38.
[*b*] Depuis le mois de Decembre 1729. jusqu'au 6. [*d*] Confidences de la Cadiere aux 22. 38. 39. 91. &
Juin 1730. qu'elle fut au Monastere d'Olioules. 97. Témoins.

SECONDE PARTIE.

Le Pere Girard Accusé.

Toutes ces frivoles exceptions entrent dans la seconde idée que nous avons prise du P. Girard comme Accusé, & nous pouvons dire qu'elle nous a saisi encore plus que la premiere. L'innocence porte sa justification avec elle, & n'a pas besoin de tant d'artifices pour se faire jour à travers l'imposture & la calomnie ; 230.

230. *C'est dommage que cela ne soit apliqué en faveur du P. Girard, rien ne conviendroit mieux.*

Sur tout quand les Adversaires ne sont pas redoutables, ni par eux-mêmes ni par leur crédit. Nous avons reconnu ce Jesuite coupable, par ses efforts & par son embarras. 231.

231. *Jamais accusé n'avoit été reconnu coupable par ses efforts & par son embarras, les contradictions, la fuite même ne suffiroient pas, s'il n'y avoit d'ailleurs des preuves plus claires que le jour. On va voir de plus qu'il n'a paru dans celui-ci, ni embarras, ni effort.*

Le premier pas qu'il fait, dans la crainte d'une accusation prochaine, à laquelle personne ne pensoit encore, est de retirer ses Lettres, [*a*] dont la prompte remission est une nouvelle preuve de la bonne foi de la Pénitente. 232.

232. *Loin de les avoir retirées le P. Girard n'a fait qu'offrir à la Cadiere de garder tous ses papiers de conscience, comme n'étant pas en sureté au Couvent, s'il étoit vrai que l'on eût surpris le Journal de Carême dans sa chambre ; cela est si vrai qu'il ajoûtoit expressement, que si le Journal ne lui avoit pas été surpris, elle n'avoit rien à lui envoyer ; & ce fut uniquement pour le persuader de l'enlevement de cette piece, qu'elle lui envoya jusqu'aux minutes de ses propres lettres, qu'il ne demandoit point. (V. les Lettres p. 74.)*

Il lui offre ses services dans un tems où il avoit plus d'interêt de s'en détacher, & de faire croire qu'elle l'avoit trompé. 233.

233. *Cet interêt ne commmença que lorsqu'il fut accusé, & malgré cet interêt, il n'a jamais dit du moins ouvertement qu'elle l'ait trompé : c'est la seule Religion du serment qui a fait découvrir ce que sa charité lui faisoit cacher.*

Ne pouvant la retenir sous sa conduite il lui fournit des excuses favorables pour couvrir le changement de Directeur. [*b*] 234.

234. *Les trois dernieres lettres de la Cadiere sont la plus parfaite preuve des efforts qu'elle faisoit au contraire pour le retenir, les excuses qu'il lui inspiroit, n'étoient que pour cacher les impies fourberies qui l'obligeoient à se retirer.*

Quand par sa faute ou celle de ses Protecteurs les crimes éclatent, l'accusation ne l'étonne point. Il prêche, il confesse, comme si c'étoit un autre que lui qui fut accusé, & exerce sans pudeur & au scandale du Public, le même Ministere qu'il a prophané par tant de prévarications. 235.

235. *Que devient ici l'embarras sur lequel on l'a reconnu coupable ? Il semble qu'on soit engagé à prouver au contraire, la securité d'une bonne conscience qui ne se reproche rien.*

Il confesse encore les mêmes (*c*) Pénitentes, complices de ses desordres, qui passent du Tribunal de la Pénitence à l'Auditoire de Justice, & déposent devant le Juge le instructions du Directeur. 236.

(*a*) Lettre de l'Accusé du 22. Août 1730. La Dame Giraud 54. La Sœur de l'Escot 20. Témoin dans son recolement.

(*b*) Lettre du P. Girard du 15. Septembre 1730.

(*c*) La fameuse Guiol 3. la Laugier 4. la Reboul 6. la Gravier 13. la Berluc 41. les Réligieuses du Monastere de Sainte Ursule de Toulon, qui sont les Témoins 67. 68. 72. 78. 82. 83. dont les quatre dernieres déposent avoir oüi dire à la nommée Pauque que le Prieur des Carmes dansoit & chantoit des chansons à boire avec la Cadiere. Fait non seulement étranger à la plainte, mais démenti par la déposition de la même Pauque 76. Témoin, & par sa confrontation avec la Cadiere.

236. *C'est noircir bien gratuitement des personnes très-pieuses , & donner une étrange idée du Sacrement de Pénitence aux Ennemis de nôtre Sainte Religion. Il est de son interet que le scandale diminuë en changeant d'objet , & qu'ils fassent attention qu'un Directeur coupable ou rusé , se seroit volontairement interdit pour rendre ses Pénitentes moins suspectes , & que celles - ci (s'il y en avoit de telles qu'on les dépeint) n'en auroient pas moins déposé en sa faveur : Observons encore que l'on met dans ce nombre , les 67. & 68. tém. sans aucune sorte de preuves , & que les 72. 82. & 83. ont dénié de s'être confessées à lui.*

Ces Pénitentes font partie des Témoins que le Promoteur a administré , 237.

237. (*Voyez sur la calomnie dont on tâche de noircir le Promoteur les Lettres p. 32.*)

Dans le Dessein de préparer des faits justificatifs à l'Accusé ; 238.

238. *L'on confond encore ici les faits justificatifs avec ce que les témoins déposent pour la justification de l'Accusé.*

Dessein bien prouvé par la Procedure, puisque de tous les Témoins qu'il a fait oüir aucun n'a été confronté avec le P. Girard , parce qu'ils ne faisoient pas charge contre lui. 239.

239. *A parler ainsi , l'on ne devoit donc pas citer , & très souvent citer , le 2. 9. & 12. Témoin qui sont de ce nombre , d'ailleurs le 2. Témoin a été confronté.*

La prévarication du Promoteur assortissoit le plan des défenses de l'Accusé , & l'on a d'abord établi pour principe ce qui ne pouvoit être encore qu'un soupçon. Ainsi la Cadiere veut-elle se confesser , on lui demande pour préliminaire *une reparation publique de ses* [a] *scandales.* 240.

240. *Il faut être bien dénué de preuves contre le P. Girard & contre le Promoteur , pour en chercher dans la sage conduite des Confesseurs envers la Cadiere. (Voyez les Lettres p. 32.)*

Le Jacobin & le Prieur des Carmes font interdits pour ne vouloir pas se prêter au projet de rendre au P. Girard la reputation , dont ils le croyoient très-indigne. 241.

241. *Ils furent interdits, parce qu'ils diffamoient publiquement un innocent, qu'ils sollicitoient ses Pénitentes à se faire exorciser , & les exorcisoient sans pouvoir & sans necessité.*

L'interdit préparoit les deux Réligieux au decret qui fut laxé contr'eux plus grave que contre l'Accusé ; decret irregulier dès lors , mais toûjours trop leger s'ils étoient calomniateurs , & trop injuste s'ils ne l'étoient point , 242.

242. *Raisonnement populaire , peu convenable ici , parce que les Juges voyent souvent des moindres Décrets pour des accusations très-graves , & des legeres condamnations pour des crimes de mort , par la raison que les Décrets & les peines se mesurent du merite des charges , & non du titre de l'accusation.*

Comme on l'a reconnu dans le Jugement définitif. 243.

243. *On a reconnu que les Complices ne devoient pas être traitez plus severement que la principale coupable (Voyez les Lettres page 30.)*

Delà quelle idée doit-on prendre de ce complot , qui est comme le centre d'où partoient & aboutissoient toutes les défenses du P. Girard ? 244.

244. *On doit penser que les complices du Complot auroient été severement punis si la Cadiere eût été condamnée.*

Dès qu'on ne peut gagner des Témoins , on les *(b)* intimide , on les suborne. 245

245. (*Voyez sur cette pretenduë subornation les Lettres p. 35.*)

La Tourriere des Clairistes d'Olioules avoit déposé contre le P. Girard les faits les plus relevans ; La Sœur de Cogolin , Ursuline de Toulon , & Pénitente de l'Accusé , se charge de détruire un témoignage si fâcheux. Elle

---

[a] Le Pere Gravier Recolet , 107. Témoin. Messire Berges 109. furent chargez de cette Commission. Comparans tenus à Mr. l'Evêque, joins à la Procedure.

[b] Isabeau Duprat 24. Témoin. Marie Gregoire 35. Témoin. Maguerite Aynaud 110. Témoin.

écrit (*a*) à cet effet à une Clairifte de ſes amies, *que les Religieuſes qui n'ont pas encore dépoſé, doivent parler des liaiſons de la Tourriere avec la Famille des Ca-dieres, & de la penſion qu'on lui avoit promiſe.* 246.

246. *Loin d'écrire qu'elles doivent parler de ces faits, elle marque, qu'il ſuffit d'en parler, pour ne par entreprendre un nouveau procez en prouvant les mauvaiſes mœurs de la Tourriere; c'étoit les con-tenir plûtôt que les exciter.*

Elle leur ſuggere ainſi des faits qu'elles n'auroient pas dit ſans ce ſe-cours. 247.

247. *C'eſt rencherir ſur les ſupoſitions, le mot* il ſuffit, *vient d'être changé en* elles doivent; *il eſt ici transformé en ſuggeſtion.*

Cela fut éxecuté lors de la nouvelle deſcente que le Lieutenant (*b* (fit à Olioules peu de jours après cette Lettre, 248.

248. *Nouvelle ſupoſition, aucune des trois Réligieuſes qui dépoſerent lors de cette deſcente, n'a par-lé du fait de la penſion, ce ſont les 83. 84. & 85. tém. & au contraire le 21. témoin en avoit parlé un mois & demi auparavant, & c'eſt la même Sœur de Beauſſier à qui la Lettre en queſtion étoit adreſſée.*

Et dans le recollement des Réligieuſes qui fut fait enſuite (*c*) par Meſſieurs les Commiſſaires, ce qui démontre la ſubornation de ces Réligieuſes, c'eſt qu'ayant dépoſé le 6. & le 7. Decembre, elles ne ſe ſont point ſouvenuës de ce qu'elles prétendent avoir été dit par la Tourriere le premier du même mois de Decembre, elles ne s'en ſouviennent que trois mois après, & le 12. Mars, 249.

249. *L'on ſupoſe ici ſans preuve que la Tourriere ait parlé dans le Couvent du fait de la penſion le premier Decembre jour de ſa dépoſition; il eſt bien plus vraiſemblable qu'elle n'ait fait cette indigne con-fidence que quelques jours après, comme ſes amies ne garderent pas mieux ſon ſecret, il fut connu dans cinq ou ſix jours & devint bien-tôt public.*

Parce que la Sœur Cogolin a eû ſoin dans l'intervalle, de leur inſpirer par ſa Lettre du 18. Janvier ce qu'elles doivent dire pour détruire la dépo-ſition de la Tourriere. 250.

250. *Nous venons d'obſerver que la Religieuſe à qui la Lettre étoit adreſſée avoit parlé du fait de cet-te penſion dans ſa dépoſition faite un mois & demi auparavant & le 6. Decembre.*

Nous avons de plus obſervé dans les Réponſes de l'Accuſé, & dans ſa confrontation avec les Témoins un eſprit de déguiſement & de menſonge; car ſur le même fait il tient different langage, il diſtingue parfaitement les Témoins qui ont parlé pour avoir vû, & ceux qui n'ont dépoſé que par oüi dire, il biaiſe ou il avoüe avec les premiers, il nie hardiment à l'égard des autres, quoiqu'il eût déja convenu du fait. 251.

251. *Si nous répondions ſimplement que la verité ſembloit au contraire s'exprimer par ſa bouche, les ſupoſitions déja obſervées détermineroient en nôtre faveur, & ſi nous avons de plus les exemples mê-me que l'on a choiſis, la conviction en ſera parfaite.*

(*) L'Abbé Cadiere confronté avec le P. Girard lui reproche, *qu'un jour n'ayant pas trouvé la clef à la porte de la Chambre de ſa Sœur, il la chercha par toute la Maiſon:* le P. Girard dans ſa Réponſe élude le fait, & parle de tout autre choſe. Confronté avec le P. Cadiere, qui lui fait le même *reproche*, il le nie. 252.

252. *Il y a beaucoup d'art & peu d'exactitude dans ce recit, le Jacobin fit non un réproche, mais une interpellation préciſe, ſur laquelle le P. Girard nia préciſement; l'Abbé au contraire mêla le fait de la clef parmi pluſieurs autres dans ſes réproches; le P. Girard loin de parler de toute autre choſe,*

(*a*) Lettre du 28. Janvier 1731. jointe à la Procedure, la Sœur de Cogolin confrontée avec le P. Cadiere, deſa-voüa cette Lettre. Enſuite elle l'a reconnüe le 11. May

1731. pardevant le Lieutenant. de Toulon.
(*b*) Le 9. Fevrier 1731.
(*c*) Le 12. Mars 1731.

(*) *Ce qui eſt contenû entre les deux étoiles, eſt une Note marginale à l'original.*

répondit à l'un de ces faits , & se raporta pour les autres à ce qu'il avoit déja dit ; l'on ne devoit donc pas dire qu'il éluda le fait , moins encore citer en Caractere italique , qu'il chercha par toute la maison , lorsqu'il y a dans l'Original chercha par tout , c'est-à-dire , par toute la Chambre.

Il en use de même avec l'Abbesse d'Olioules , & la Maîtresse des Novices ; il n'ose d'ésavoüer de leur avoir demandé si la Cadiere avoit eû *une grande perte de sang* , & dans la confrontation avec le P. Cadiere il nie d'avoir fait à ces Dames une pareille demande. 253.

253. Le P. Girard répondit à ces deux Réligieuses, qu'il n'avoit nulle idée de leur avoir parlé de cette perte , c'étoit le 12. Mars , long tems après & le 26. Avril , n'ayant aucune nouvelle idée là-dessus , il nia plus précisément : quelles minuties ! pour reconnoître un Accusé digne de mort , par ses differens langages , ses efforts & son embarras.

Confronté avec Anne Bellonne , Marie Laugier , Catherine Joinville , Catherine Ferrand , qui déposent *qu'il s'enfermoit avec Marie-Anne Laugier sa* Pénitente , il répond d'une maniere équivoque ; & confronté avec le Pere Cadiere , il nie de s'être enfermé avec *aucune* de ses Pénitentes , *qu'avec sa Sœur* (*) 254.

254. Voici ce qu'on apelle répondre d'une maniere équivoque : Il répond à Anne Belon , qu'il n'est allé chez la Laugier que lorsqu'il a été apellé , & qu'elle étoit malade ; à Marianne Laugier , qu'il n'y alloit que lorsqu'il étoit apellé , réfusant même souvent d'y aller , parcequ'il connoissoit la nature de son mal ; à Catherine Joinville , qu'il y a été lorsqu'il a été apellé , n'ayant rien fait de plus que ce que font les Directeurs de parler en particulier à leurs Pénitentes ; à Catherine Ferrand , qu'il n'y alloit que malgré lui ; ce qu'il a dit avec le P. Cadiere concilie parfaitement à ces réponses , celui-ci disoit qu'il s'étoit enfermé avec d'autres Pénitentes , & leur avoit donné des rendez-vous. le P. Girard répondit en niant l'un & l'autre ; y a-t'il quelque raport entre s'enfermer après un rendez-vous , & s'enfermer pour confesser une malade ? Dequoi même il n'est pas convenu avec les tém. citez.

On lui demande pourquoi après avoir souffert le *baiser* de la Battarel, qui étoit une preuve peu équivoque de la passion de cette fille pour lui , il n'a pas cessé néanmoins de la diriger ? il répond , *(a)* que ça été pour *éviter le scandale* , comme s'il n'avoit pû sans éclat lui donner son congé ; ne le devoit-il pas au moins pour l'édification des autres Pénitentes , instruites de cette liberté. *(b)* 255.

255. Voilà toûjours des nouvelles supositions , & pour un fait qui ne meneroit à rien ; & voilà toûjours le baiser de la folle Battarel regardé comme un fait certain.

Bien que la Sœur Boyer , que l'on cite lettre (b) *reconnoisse avoir apris qu'elle n'avoit eu qu'un simple désir de l'embrasser comme un Saint. Cette réponse pour éviter le scandale , ne se trouve point dans le Verbal du Greffier.*

Mais lorsque voulant faire acroire que c'est lui qui le premier a quitté la Cadiere , & que c'est de son pur mouvement qu'il a cessé de la diriger , on lui en demande la raison , il répond (c) *que c'est parce qu'il s'est aperçû qu'elle le trompoit.* La crainte du scandale n'a plus été capable de le retenir. 256.

256. Le P. Girard avoit suffisamment pourvû à la crainte du scandale par sa lettre du 15. Septembre, (V. les Lettres p. 75.) mais cette crainte même n'auroit pas dû le retenir dès qu'il se fut aperçû qu'elle le trompoit.

Comment concilier cette diversité d'idées & de conduite ? 257.

257. On la concilie facilement en raportant les faits sans alteration & en distinguant un Directeur qui a continué de confesser une folle qui ne le trompoit pas , de celui qui a quitté une fourbe qui le trompoit.

C'est ainsi que par des variations grossieres & perpetuelles où l'a entraîné le seul crime qui l'aveugloit , il est tombé souvent en contradiction avec lui-même. 258.

258. L'on devoit au moins parmi ces variations grossieres & perpetuelles ne pas choisir des exemples , qui independemment des alterations observées , ne contiennent ni variation ni contradiction.

(a) Dans sa Réponse à l'Interrogatoire 147. des Commissaires , il dit qu'il avoit fait *son devoir* ; & dans celle pardevant la Cour, il dit, que ça été pour éviter le scandale.

(b) Sœur Boyer 97. Témoin.
(c) Réponse de l'Accusé au 149. Interrogatoire des Commissaires , & dans ses Réponses pardevant la Cour.

A

A des traits de cette espece des Juges pouvoient-ils méconnoître le coupable ? & en matiere criminelle n'est-ce pas là un grand motif de détermination contre les Accusez ? 259.

259. *Un grand motif de détermination* en sa faveur, *c'est de voir que l'on n'ait à lui oposer que des traits de cette espece.*

Le P. Girard a fait encore joindre à la Procedure un certain nombre de Lettres , tant de celles qu'il avoit écrites à la Cadiere pendant son sejour dans le Monastere d'Olioules, & qu'il avoit eû tout le loisir de changer, que de celles qu'il en avoit reçûës,& dont il n'a pas craint d'effacer certains mots, de changer les dates , & d'ôter les seconds feüillets , où il pouvoit bien y avoir des apostilles. 260.

260. *Voilà un grand étalage de faussetez ; voici pourtant à quoi elles se reduisent ; le P. Girard n'a effacé en tout que ces mots* Mgr. l'Evêque *à la seule Lettre du 22. Juillet , & il n'y a qu'à lire pour voir qu'il a dû les effacer ; il n'a changé que la seule datte du 6. May à une Lettre qui est constamment du 6. Juin , ainsi qu'il l'a écrit pour reparer cette erreur ; enfin il a fait usage de quelques feüillets blancs des Lettres de la Cadiere. Les deux Freres Cadieres n'ont pas manqué d'observer dans leurs réponses, qu'il pouvoit y avoir des apostilles, le Public verra avec plaisir le caractere de ces deux Personnages dans leurs malignes observations à cet égard : il est remarquable que les Lettres en question étoient écrites de leur main. Ecoutons l'Abbé.*

112. *Inter.* Si ce qu'il y avoit d'écrit de l'autre côté , marquoit un amour profane & criminel ? *A répondu , qu'il ne se rapelle pas ce qu'il pouvoit y avoir d'écrit.*

113. Et sur ce lui avons representé, qu'une pareille chose ne devoit pas être oubliée, puisque cette Lettre ne contient que des sentimens de pieté , & d'une ame qui se dit toute à Dieu , si l'autre partie de la Lettre avoit été une Lettre pleine d'un amour profane ? *A répondu s'en tenir à ce qu'il a déja dit.*

115. *Inter.* De nous dire ce qu'il y avoit à l'autre feüillet ? *A répondu ne s'en pas souvenir.*

116. *Inter.* De nous dire comment il a pû sçavoir qu'il y avoit quelque chose d'écrit , puisqu'il ne s'en souvient pas ? *A répondu qu'il se souvient fort bien qu'il y avoit quelque chose d'écrit , mais qu'il ne se souvient pas du contenu.*

117. Sur quoi lui avons representé que toutes les Lettres que nous lui avons montrées sont finies & signées ? *A répondu qu'il a dit la verité.*

Le Jacobin après avoir fait une semblable observation sur la minute écrite de sa main le 24. Juillet , où il manquoit un de ces feüillets , & avoir assûré qu'il y avoit tout lieu de croire que le P. Girard l'eût coupé à dessein , continuë ainsi :

165. *Inter.* Si ce qui étoit écrit , & ce qui manque ; étoit une preuve d'une mauvaise Doctrine ou d'un amour profane ? *A répondu s'en tenir à sa premiere réponse.*

166. *Inter.* S'il a dicté cette Lettre à son Frere ? *A répondu qu'il ne s'en souvient pas.*

167. Et sur ce lui avons representé la même Lettre écrite par son Frere l'Abbé , & qui est complete , & à laquelle il ne manque point de feüillet , & l'avons interpellé de nous déclarer si dans ce qu'il y a de plus que dans l'autre , il se trouve des preuves d'un amour profane , ou d'une mauvaise Doctrine ? *A répondu qu'il en laisse la décision à ses Juges.*

Il est surprenant qu'après ces réponses , on ait fait un crime au P. Girard d'avoir ôté des feüillets pour cacher ce que ces deux Freres auroient écrit , en suposant qu'ils fussent de concert avec lui pour favoriser un mauvais commerce de leur Sœur.

A la lecture & par les termes de ces Lettres , nous avons eû des nouvelles preuves qu'elles ont été réfaites. Toutes ces Observations qui ne sçauroient trouver ici leur place , ont été faites dans nos opinions. 261.

261. *Il est vrai qu'il y eut une opinion de plus de trois heures , où il fut beaucoup parlé de la qualité des seings , & des cachets rouges , & blancs , si propres à prouver au contraire , que le P. Girard n'avoit produit que les Originaux , & si inutiles , après que la Cadiere a reconnu que c'étoient les mêmes Lettres qui lui avoient été renvoyées.*

Mais c'est bien vainement qu'il les a produites , parce qu'il est inoüi qu'un Accusé veüille fonder la preuve de sa justification sur des piéces qui viennent de sa main , qu'il a eûës en son pouvoir avant & après l'accusation intentée, & que rien ne l'a empêché de fabriquer de nouveau. Il est de regle, que pareilles pieces font preuve contre celui qui les produit , & non en sa faveur 262.

L

262. La circonstance que la Cadiere a gardé ces Lettres & les a reconnuës pour être les mêmes rend inutile l'aplication de cette regle.

On a fait ensuite averer ces Lettres par la Cadiere, sans examen de sa part (*a*) à la fin d'une Séance, dans le tems qu'il en auroit fallû plus de deux pour en faire la lecture, ou pour s'en rapeller fidelement le contenû ; & à plus forte raison pour reconnoitre si celles du P. Girard étoient les mêmes que celles qu'elle avoit reçûës de lui. 263.

263. Il faudroit au moins de l'exactitude dans les expressions, l'on avere ses propres écrits, l'on reconnoit les écrits d'autrui ; au reste la sceance en question n'est longue que dans l'imprimé que Chaudon a donné de cet Interrogatoire, par l'adresse qu'il a eu de suprimer qu'après le 128. Interrogat la Sceance fut renvoyée, reduisant ainsi deux Sceances en une seule, pour en tirer comme ici cette consequence, qu'il auroit falu plus de tems pour reconnoitre ces Lettres.

Aussi a-t'elle soutenû dans sa confrontation avec ses Freres, & dans ses réponses sur la Sellete, qu'elle n'avoit reconnû les Lettres du P. Girard que pour être *de son caractere*, & non pour les mêmes qu'elle avoit reçûës, & qu'elle lui avoit renvoyées. 264.

264. Ce n'étoit pas à elle à reconnoitre si elles étoient du Caractere du P. Girard, ce seroit une fonction d'Expert ; elle les reconnoissoit pour être les mêmes qu'elle avoit reçûës & renvoyées ; ses conseils l'ont portée sur la fin à désavouer cet aveu, mais il n'étoit plus tems.

Après celà quel cas pouvions-nous faire de la variation du 27. Fevrier, dont toutes les parties sont si mal liées ensemble, & ne montrent qu'un inutile desir conçû dès le commencement, de sauver le coupable, en dût-on couvrir l'Accusatrice d'infamie une seconde fois, & rejetter sur elle, & sur son dernier Confesseur, tout le poids (*b*) de son accusation. 265.

265. Voyez sur cette variation les Lettres imprimées page 36.

En effet dans le tems même qu'il s'agit d'éxecuter ce projet inique, 266.

266. N'y-a-t'il pas de la passion dans ces expressions injurieuses ?

Nous voyons le P. Girard toûjours chargé des mêmes crimes. La Querelante soûtient encore que *le Directeur avoit vû les Stimates du pied & du côté, qu'il les avoit baisez, qu'il avoit porté la main sur son sein.* 267.

267. On pouvoit se passer ici de caractere italique, puisque sur le 117. Interr. Si le P. Girard lui avoit touché la gorge ? la Cadiere a précisément répondu, que non.

Qu'il la faisoit deshabiller en sa presence, qu'il l'embrassoit ensuite, 268.

268. Autre suposition, elle dit au contraire qu'il la fit rehabiller sur le champ sans la toucher (les raisons qui porterent la Cadiere à persister de soutenir ces criminelles libertez, sont expliquées dans les Lettres p. 37.)

Qu'après les embrassemens elle se trouvoit . . . . 269.

269. Ceci est pris de la réponse de la Cadiere au 120. Interrog. où le terme même d'embrassemens ne se trouve pas.

Qu'il lui avoit donné un breuvage rougeâtre. 270.

270. Ce n'est ici qu'un amas de supositions, il n'y a pas un mot de breuvage rougeâtre, ni de breuvage, quoique citez en Caractere italique.

Il est vrai qu'on lui fait dire, 271.

271. Cette expression est encore bien peu mésurée & bien injuste.

(*c*) Que le P. Girard avoit baisé les Stigmates *avec vénération, à genoux, & ôtant sa calotte,* que lors de ses attouchemens *elle prenoit les précautions que la modestie exigéoit d'elle* qu'après l'avoir fait deshabiller, *il la faisoit réhabiller sur le champ ; qu'il l'embrassoit chrétiennement, saintement, & avec l'affection*

(*a*) Quatorze Lettres & deux Minutes. Il y a une grande difference entre la maniere dont on lui represente ces quatorze Lettres & deux minutes, & dont elle les reconnoit à l'Interrogatoire 161. & la reconnoissance de celles écrites par ses Freres, qui lui sont representées lors des Interrogatoires 87. 96. & suivants.

(*b*) Le P. Nicolas, Prieur des Carmes Déchaussez de Toulon.

(*c*) Réponse de la Cadiere lors de sa variation aux Interrogatoires 116. 117. 119. 120. des Commissaires.

Des Directeurs pour leurs Pénitentes ; que la moiteur dont elle s'étoit aperçûë après ces embraſſemens, *pouvoit venir d'un écoulement d'urine auquel elle étoit ſujette ;* 272.

272. *La Cadiere n'a point dit qu'elle eût aucun obſcene ſimptôme après ces embraſſemens : cette cir-conſtance ſeroit inſeparable du crime, au lieu qu'elle ne cherchoit que des pretextes pour rejetter la cauſe de ſa calomnieuſe accuſation ſur les explications du Carme.*

Qu'elle attribuë la teinture de l'eau que le P. Girard lui donnoit, *aux gou-tes de ſang, qui en búvant, tomboient du nez, dans l'écuelle.* 273.

273. *C'étoient là des mauvais pretextes ſur leſquels elle tachoit d'excuſer ſa calomnie.*

Ainſi ſous l'aparence d'une retractation, nous retrouvons tous les mêmes faits que l'accuſation renferme, quoique palliez & déguiſez : 274.

274. *Grace aux ſupoſitions que nous venons d'obſerver.*

Mais l'artifice eſt trop groſſier & trop honteux ; 275.

275. *Ne ſeroit-il pas permis de donner ces noms odieux aux expreſſions dont on ſe ſert ici contre les Commiſſaires (Voyez ſur l'exactitude & la regularité de leur conduite, les Lettres p. 37.)*

Et pour paſſer tout le reſte, peut-on voir de ſang froid apeller *Saints & Chrêtiens* des embraſſemens d'une jeune Pénitente, avec laquelle un Direc-teur s'enferme ſous la clef ? 275.

275. *Non ſans doute s'ils étoient alors enfermez, mais c'eſt ce que la Cadiere ne dit pas.*

Dans les principes du Pere Girard, lorſqu'il fut confronté avec la Cadie-re la premiere fois, ne devoit-il pas lui reprocher ſa fourberie & ſon impu-dence ? Cette confrontation (*a*) néanmoins n'eſt qu'une réconciliation des Parties, où l'on craint même de rapeller le ſujet de leur diviſion. 276.

276. *Le P. Girard ſuit des principes qui lui ont toûjours interdit toute ſorte de plaintes & de repro-ches ; on tourne contre lui une vertu des plus difficiles à pratiquer.*

Mais la Cadiere revenuë de ſa premiere ſurpriſe peu de jours après, ré-nouvelle tout ce qu'elle avoit avancé dans ſon expoſition, (*b*) & dans ſes Réponſes des deux premiers jours de ſon Interrogatoire ; elle allegue pour excuſer ſa variation, des faits qu'il ne nous a pas été permis d'aprofon-dir : 277.

277. *La Cadiere n'a parlé ni de ſurpriſe, ni d'aucun fait qui n'ait été parfaitement aprofondi ; elle a parlé d'un breuvage ridicule & des menaces des Commiſſaires, placez ſix jours après ſa retractation. (V. les Lettres p. 37.)*

Si cependant l'on vient à comparer ſes Réponſes du 25. & 26. Fevrier avec celles du 27. du même mois, & ſi on les raproche toutes de ce qui ſe trouve écrit le 10. Mars ſuivant, de quelles penſées l'eſprit n'eſt-il pas agité ! 278.

278. *Il l'eſt beaucoup, mais c'eſt par ces injurieuſes aplications.*

Quoiqu'il en ſoit, la plus grande grace que l'on puiſſe faire ſur ce point à l'Accuſé, eſt de regarder cette variation comme non avenuë. 279.

279. *On apelle la plus grande grace, ce qui eſt veritablement la plus injuſte de toutes les rigueurs. (V. les Lettres p. 39.)*

Mais quand la Cadiere a été de nouveau confrontée avec le Pere Girard ,

---

(*a*) Confrontation du 6. Mars, par devant les Com-miſſaires.

(*b*) Declaration de la Cadiere du 10. Mars, où elle re-voque devant Meſſieurs les Commiſſaires tout ce qu'on lui avoit fait dire de contraire à ſon expoſition & à ſes Réponſes des deux premiers jours.

Ses Actes proteſtatifs du 15. & 16. Mars 1731. joints à la Procedure. Sa confrontation du 18. Avril avec le Prieur des Carmes, où elle declare veritable tout ce qui a été dit par lui, & déſavoüe tout ce qu'on lui a fait dire contre lui dans ſa variation, comme étant l'effet des menaces & des violences qui lui furent faites, tant par la Superieure des Urſulines, Pénitente du Pere Girard, que par d'autres perſonnes de conſideration, *qu'elle a enſuite nommées à la Cour.*

Sa confrontation avec ſon Frere l'Eccleſiaſtique, où elle convient d'avoir dit à une de ces perſonnes de conſidera-tion, qu'elle avoit trahi la verité par ſa variation, à quoi cette perſonne répondit : *il n'eſt plus tems.*

lors du Jugement définitif, les choses se sont bien passées differemment. Nous devons le dire, elle a parû avec tous les avantages de l'innocence, sçachant allier une grande modestie avec une force & une fermeté que rien n'a été capable d'ébranler. La verité sembloit s'expliquer par sa bouche, avec cette candeur & cette ingenuité qui lui est propre. 280.

280. Voyez les Lettres page 50. où le portrait de la Cadiere est bien plus ressemblant, on dit que la verité sembloit s'expliquer par sa bouche, dans le même tens où elle affirmoit la realité de l'Ensorcellement, du Souffle, de l'Obsession, des Visions, des Extases, des Stigmates, de la Possession du Démon, & de tous les fantastiques prodiges dont son Journal du Carême est rempli.

Le P. Girard au contraire, & lorsqu'il fut oüi par attenuation, & quand il fut confronté dans la Grand-Chambre, n'avoit rien de cette tranquillité qu'il devoit avoir, si sa conscience ne lui eut rien reproché. Nous l'avons vû agité de divers mouvemens, tantôt consterné jusqu'à verser des larmes, lorsque les réponses lui manquoient ; tantôt affectant une securité peu convenable à sa situation. 281.

281. Voyez encore sur ce portrait les Lettres p. 45. & les Verbaux des derniers Interrogatoires, qui sont dans la Procedure imprimée, ils démentent absolument tout ce qu'on dit ici.

Dans quelles contradictions n'est-il pas tombé ? Nous avons remarqué qu'il s'est coupé jusqu'à cinq fois sur le même fait. (a) 282.

282. On cite pour preuve sur la Lettre (a)

1°. Sa confrontation avec Marion Hermite pour dire, qu'il a nié d'avoir été enfermé à Ollioules dans la Chambre de la Cadiere : il y a nié de s'être lui-même enfermé, ce qui est bien different.

2°. Sa confrontation avec l'Abbesse pour dire qu'il avoit quelque idée que la Maîtresse des Novices ferma la porte. Voici ses termes : Niant d'avoir fermé la porte en dedans en nulle façon, & qu'il a quelque idée que c'est Madame la Maîtresse des Novices qui ferma la porte en sortant, mais qu'il n'a pas touché à la porte. Il n'y a de la contradiction dans ces deux Réponses, que par le changement & la supression des termes dont il s'est servi.

3°. Sa confrontation avec la Maîtresse des Novices, pour dire qu'il a nié d'avoir fermé la porte ; mais il faloit ajoüter par dedans, ce qui concilie encore mieux cette réponse avec les precedentes.

4°. & 5°. Ses Réponses par attenuation, où l'on supose qu'il ait dit, qu'il ne vit pas qui la ferma, & que ce fut la Cadiere qui avoit le visage tourné vers la porte qui le lui dit. Ces deux dernieres Réponses n'auroient rien de contraire aux précedentes, & c'est en pure perte qu'elles sont citées peu exactement. Voici tout ce qu'il en a dit :

80. Interrogé. S'il ne s'enferma pas dans la chambre de cette fille seul avec elle ? A répondu, qu'il est vrai que l'on le laissa seul avec elle dans sa chambre, mais qu'il ne sçait pas si l'on poussa, ou ferma la porte en se retirant.

Voilà sur quelles contradictions, ce Jesuite a été trouvé digne du feu !

Nous ne raporterons qu'un trait de la derniere confrontation. (b) La Cadiere l'interpella de representer à la Cour une des Lettres qu'elle lui avoit écrites, mais qu'il n'avoit pas produite avec les autres, & qui seule suffiroit pour le convaincre de tous les crimes dont il étoit accusé. La Querelante lui rapella que cette Lettre étoit la réponse à une des siennes, 283.

283. La Cadiere a signé son premier Factum, où il est dit (page 41.) qu'il s'agissoit au contraire d'une Lettre du P. Girard.

Où il la menaçoit de lui donner *le foüet* (c) ce qu'elle désignoit dans sa Réponse par la lettre F. afin que ses Freres, qui écrivoient sous elle, n'eus-

---

(a) Au sujet de son enfermement avec la Cadiere dans une chambre du Monastere. *Primo.* Confronté avec Marion Hermite, *il le nie. Secundo.* Confronté avec l'Abbesse, il dit avoir quelqu'idée que la Maîtresse des Novices ferma la porte. *Tertio.* Confronté avec la Maîtresse des Novices, il nie d'avoir *fermé* la porte. *Quarto.* Dans sa Réponse devant la Cour, il dit qu'ayant le dos tourné devant la porte *il ne vit pas qui la ferma. Quinto.* Lui ayant été oposé que cela ne s'accordoit pas avec ce qu'il avoit déja dit à l'Abbesse ; il répond, que la Cadiere avoit le visage tourné vers la porte, *& qu'elle le lui avoit dit aussi.*

(b) Confrontation devant la Cour.

(c) La Sœur de l'Escot, Maîtresse des Novices 20. Témoin, dit avoir lû cette Lettre, où il lui recommandoit d'être sage, qu'autrement elle auroit le foüet.

sent

sent aucune connoissance de ce qui se passoit entre le Directeur & la Pénitente, ainsi que ces derniers en étoient convenus. (*a*) 284.

284. *La Cadiere est ici indigne de foi, comme dans tout le reste ; elle dit tantôt qu'il s'agit d'une de ses lettres, tantôt d'une lettre du P. Girard ; elle supose le plus bizarre & le plus extravagant de tous les chiffres, & d'ailleurs en assurant que la lettre F. cachoit suffisamment le mot fouet à ses Freres, elle contredit cette simplicité & cette bonne foi que l'on vante tant dans ces motifs.*

Le P. Girard s'excusa de representer cette Lettre, sous pretexte qu'elle
rouloit sur des *secrets de conscience*. Elle lui permet de reveler ces prétendus mis-
teres qui la regardoient uniquement ; il s'en excuse de nouveau. Elle insiste,
& suplie la Cour de le lui ordonner, sans quoi les faits par elle avancés se-
ront tenus pour averés. Le Jesuite déconcerté, répond, *qu'il n'a pas cette Lettre sous sa main*. Elle l'interpelle de l'envoyer prendre. Alors se voyant poussé
à bout, il dit, *qu'il l'avoit brûlée* ; 285.

285. *Nulle exactitude dans ce long recit, le Verbal du Greffier fait foi (au n. 41.) que le P. Girard répondit d'abord tout simplement, que cette Lettre étoit à lui & non à elle, qu'il l'a brûlée parce qu'elle contenoit des faits de Confession : La Cadiere insista & dit que c'étoit une des siennes ; le P. Girard soûtint de nouveau, que c'étoit une Lettre par lui écrite, & qu'il l'avoit brûlée par les raisons susdites.*

Et dans ses défenses (*b*) il avoit dit qu'il *l'avoit* en son pouvoir. 286.

286. *Son Avocat disoit au mois de Juillet, qu'il en avoit même deux de cette espece, & il y avoit assez de tems jusqu'au mois d'Octobre pour les avoir brûlées, crainte de succomber à la tentation de preferer sa vie à son devoir.*

Ce fait qui s'est passé, comme tant d'autres, en presence de toute la
Chambre, suffira pour démontrer, & le caractere du Jesuite, & l'esprit qui
l'a conduit dans toute cette Procedure. 287.

287. *Il ne prouve qu'un caractere de pieté & un esprit de Religion, même avec les circonstances dont le fait est embeli.*

Pouvoit-on enfin compter sur les défenses d'un homme qui a osé dire
dans ses Mémoires imprimés *que sa conscience lui laissoit la liberté d'avoüer, ou
de nier.* (*c*) 288.

288. *Ce ne sont point là les sentimens du P. Girard, il n'a ni signé ni peut-être vû l'Ecrit que l'on cite lettre (c) & ne doit pas être inculpé pour une expression échapée à son Défenseur, obligé dans ce tems-là de répondre tout à la fois à 14. Ecrits ou plûtôt à 14. Volumes imprimez contre lui dans l'espace d'un mois, il s'en faut beaucoup qu'il n'eût assez de tems pour les lire.*

Quoique nous n'ayons pas jugé ce Procès sur les Mémoires des Parties, il
nous a pourtant parû que ceux de l'Accusatrice étoient conformes à la Procedure, en les y comparant sur le Bureau, 289.

289. *Un seul des Juges a fait cette comparaison les Mémoires en main, & loin de les y trouver conformes, il les a trouvé n'être qu'un tissu de faussetez (V. les Lettres imprimées p. 78.)*

Et si l'Arrêt en a suprimé quelques endroits, ce n'a été que par raport à
la Magistrature, (*d*) qui s'y trouvoit offensée. 290.

290. *On ne se contente pas de parler contre les termes de l'Arrêt, on ose encore dans les citations lettre (d) s'en prendre à l'extrême exactitude avec laquelle il a été dressé, & parler d'omission dans un ouvrage presenté au Chef de la Justice, sans s'embarrasser des suites, comme si ce n'étoit pas assez de l'avoir rempli de tant de citations peu exactes.*

Nous devons encore observer, qu'ayant éxaminé les dernieres Réponses
des Délats qui ont été remises depuis peu au Greffe, & plus de deux mois
après le Jugement, nous avons réconnû qu'elles avoient été couchées avec
peu d'exactitude, & qu'il y avoit des omissions essentielles. 291.

(*a*) Lettre de la Cadiere du 11. Juin 1730.
Je me reserve de vous developer des petits secrets que je n'ose vous exposer par écrit. Elle y parle encore en chifre, & par des simples lettres, D. G. T.

(*b*) La Note mise à la tête de la Lettre du Pere Girard, du 11. Juillet, & ce qu'il dit en la page 6., du préliminaire des Lettres, dans son premier Factum.

(*c*) A la page 6. de son Mémoire : intitulé *Briéves Réponses.*

(*d*) Dans le prononcé de l'Arrêt il ne s'est agi que de quelques endroits offensans pour la Magistrature ; & quand on a dressé l'Arrêt on a englobé plusieurs Mémoires entiers de la Cadiere, & l'on a omis que ce fut par raport à la Magistrature.

M

291. Il y avoit trois Greffiers au Bureau, l'un d'eux écrivoit les demandes, les deux autres écrivoient les réponses, il falut plusieurs jours, (& non deux mois) pour reduire leurs Memoires en un seul Verbal, ce qui fut fait avec beaucoup d'exactitude ; s'il y a des omissions c'est que pour écrire tout il faudroit écrire aussi vite que l'on parle, mais l'essentiel s'y trouve, il n'y a que deux fautes considerables que l'on connoit aisement sur la simple lecture, la premiere est au 40. Interr. du P. Girard, on y lit, que la Battarel l'embrassa un jour par surprise ; après quoi & tout de suite il est dit, & le baisa ensuite de quelque impertinence que dit de lui la Cadiere. Il est visible que ces mots & le baisa ensuite de quelque impertinence n'ont aucun sens. Il est certain que le P. Girard n'avoüa pas d'avoir été baisé par la Battarel. L'autre est au 141. Interrog, de la Cadiere conçu en ces termes : Interrogée, qu'est-ce qu'elle disoit avoir avalé pour ne pas dormir qu'elle n'avoit pas voulu montrer. Il s'agissoit là d'une chose avalée en Pénitence qu'elle réfusoit d'expliquer.

Quand après l'éxacte discussion, & le long éxamen de tant de charges accumulées sur le P. Girard, nous l'avons vû faire servir à séduire & à corrompre des ames simples, toute l'autorité & la sainteté de son ministere ; Pouvions-nous nous réfuser à une évidence de preuves plus fortes que dans aucune autre Procedure qui ait jamais passé sous les yeux de la Justice ? 292.

292. Cette exageration auroit dû elle-seule décrediter ces Motifs, quelqu'un a-t'il vû toutes les Procedures qui ont jamais été faites ? Les a-t'il comparées à celles-ci pour en juger ?

Pouvoient-elles être balancées par les égards & les préventions ? 293.

293. On a donc declaré le P. Girard innocent, par des égards & des preventions ? c'étoit bien assez d'avoir défiguré la procedure pour tacher d'excuser l'opinion de le condamner au feu, sans insulter encore à des Collegues qui en ont jugé plus sainement, dans un ouvrage transmis volontairement à la posterité par l'impression.

Ainsi pénétrés de l'impression qui résultoit de tout ce corps de délit : 294.

294. Il n'y a jamais eu de corps de délit dans ce procés, à moins que l'on donne ce nom au ridicule Avortement de la Cadiere, à ses Stigmates, ou à ses faux accez de possession.

Nous avons crû que LA MORT seule pouvoit expier tant de crimes, & LE FEU punifier tant d'horreur, & que nous étions redevables d'un exemple éclatant, & à la Réligion, & à la sûreté des Familles. 295.

295. Plus l'exemple qu'on a donné est éclatant, plus il est humiliant pour la raison humaine en général, & pour ceux qui exercent la Justice en particulier.

JUGEMENT DE LA CADIERE.

Les mêmes principes qui nous avoient fait condamner le P. Girard nous ont servi de regle dans le Jugement de la Cadiere. 296.

296. Mauvaise regle. le P. Girard ayant été absous le premier comme principal accusé, il étoit décidé que la Cadiere étoit coupable d'imposture & d'impieté, les autres Juges eurent pour la chose jugée le respect qui lui est dû ; & après que la Cadiere eut été simplement renvoyée à sa Mere, ses Freres & le Carme furent mis hors de Cour & de procès presque tout d'une voix, bien que dignes des plus severes peines.

Plus nous avons trouvé de caractéres de séduction dans le Confesseur, plus la Pénitente nous a parû digne d'absolution. Tout ce qu'on lui reproche se réduit à dire, ou qu'elle a trompé le P. Girard, ou qu'elle s'est aidée à tromper avec lui le Public. 297.

297. On lui réprochoit encore la scandaleuse representation des playes du Sauveur, l'impieté d'avoir craché sur l'Etole & le Crucifix, pour contrefaire la Possedée, &c.

La premiere idée ne peut pas se soûtenir, si l'on considere la difficulté qu'une jeune fille devoit avoir d'en imposer à un pareil Directeur, la maniere dont elle avoit vecû sous des Confesseurs moins habiles ; le tems qu'elle a demeuré sous le P. Girard, sans se démentir de sa premiere (*a*) vertu ; 298.

(*a*) Réponse de l'Accusé au 9. & 23. Interrogatoires des Commissaires.

298. *L'on cite pour cela lettre (a) les Réponses de ce Jesuite qui la croyoit bonnement vertueuse, au lieu de citer Anne Jaufrete son ancienne servante, qui la trouvoit plus dissipée avec le P. Girard qu'elle n'étoit auparavant. Preuve que dans tous les tems, l'hipocrisie lui tenoit lieu de vertu.*

L'experience qu'il avoit fait de son caractere pendant deux ans & demi de Direction ; les éloges perpetuels qu'il donnoit (a) à la Cadiere, la docilité & la dépendance extrême où il l'avoit élevée ; 299.

299. *C'est tout ce qu'on pourroit dire s'il l'avoit dirigée dès l'enfance.*

Tout prouve la bonne foi de cette fille à l'égard de son Directeur, dont les excuses ne sont qu'une odieuse récrimination ; 300.

300. *Tout prouve au contraire la bonne foi du Directeur & les artifices de la Pénitente. (Voyez les Lettres p. 50.)*

Outre qu'il ne pouvoit accuser la Cadiere sans enveloper dans les mêmes reproches beaucoup d'autres Pénitentes qui auroient été de concert avec elle, & dont il s'est pourtant bien gardé de se plaindre. 301.

301. *Il auroit pû se plaindre de la Battarel & de l'Allemand, qui furent exorcisées dans la vûë de le faire passer pour Sorcier ; mais il ne s'est plaint ni d'elles, ni de la Cadiere, ni de ses Freres, ni du Carme, qu'il voyoit tous travailler à sa perte.*

Que la Cadiere d'accord avec le P. Girard ait trompé sciemment le Public, c'est encore un fait démenti par la Procedure. 302.

302. *Voilà enfin une verité, graces au Seigneur, & à la parfaite évidence du fait.*

On pourroit plûtôt dire que la réputation qu'il lui avoit acquise dans le Public l'avoit miserablement seduite, & l'affermissoit dans les erreurs que le P. Girard lui avoit inspirées ; erreurs d'autant plus pernicieuses qu'à la faveur du Quietisme, (b) elles la laissoient croupir dans le crime par principe de Réligion. 303.

303. *On ne cite lettre (b) pour apuyer cette affreuse disposition qu'une Lettre qui comme les autres ne respire que la pieté, même dans l'endroit choisi.*

Sa bonne foi n'a-t'elle pas encore parû dans les confidences qu'elle faisoit à ses amies des libertez (c) du P. Girard, 304.

304. *Confidences faites lorsqu'elle étoit si fort irritée contre le P. Girard, & pour se preparer des témoins ; la 97. témoin est la seule qui semble parler d'un tems anterieur ; mais comme elle vouloit en même tems conserver l'emplâtre d'un Stigmate pour lui servir de Relique, il faut necessairement, ou que ce qu'elle dit des libertez criminelles que la Cadiere lui racontoit soit une suposition, ou que ce fut lors qu'elle diffamoit le P. Girard, ou que la témoin n'eût pas le sens commun.*

Dans les peines & les remords de sa conscience, aussi-tôt que le Prieur des Carmes lui annonce qu'elle est dans l'erreur, 305.

305. *La Cadiere avoit sans doute des remords de conscience inseparables de son excès d'impieté, mais elle n'en a jamais donné la moindre preuve, aussi ne cite-t'on rien là-dessus.*

Et dans sa docilité à reprendre les voyes de la veritable pieté à mesure que ce dernier Confesseur s'apliquoit à la détromper ; (d) 306.

306. *Quelle pieté ! La Cadiere n'a plus frequenté les Sacremens même à Pâques ; on cite lettre (d) le P. Carme principal Auteur & complice de sa calomnieuse accusation ; il auroit été mieux de ne rien citer.*

A l'égard des prodiges qu'on dit être de son invention, que l'on consulte les dépositions des (e) Témoins ; car nous ne pouvions pas prendre d'autres regles, & l'on trouvera que le merveilleux n'a pas dépendu d'elle, & qu'il étoit au-dessus de ses forces & de son genie. 307.

(a) Lettres du P. Girard du 22. May & 5. Juin 1730. à l'Abbesse d'Olioules.
Déposition des Témoins 3. 11. 19. 20. 23. 54. 96. 97. & autres. Et la confrontation de la Guiol avec le Pere Cadiere.

(b) Lettre du P. Girard du 29. Juin 1730.
Laissez agir Dieu, & tenez-vous seulement bien soumise & bien docile à toutes ses impressions. Toute votre attention doit se borner là. Ne pensés au reste à ce qui se passe en vous, soit par raport aux maux soit par raport aux biens, qu'autant qu'il en est besoin, pour m'en rendre compte.

(c) Les Témoins 2. 22. 38. 39. 92. 97.
(d) Le P. Nicolas, Prieur des Carmes Témoin 40.
(e) Témoins 1. 2. 5. 11. 14. 18. 19. 20. 24. 27. 28. 29. 30. 36. 47. 55. 76. 94. 95. 97. 98. 104.

307. *L'on revient ici au prodige & au merveilleux , & l'on abandonne la seduction ; la Sorcellerie n'est donc plus de trop dure creance , & l'on a raison ; car les Stigmates & le Latin dont parlent les témoins citez , ne peuvent être expliquez que par la Sorcellerie du P. Girard , ou par les fourberies de la Cadiere.*

Il en a été de même des difficultez qu'on se faisoit au sujet des Lettres de cette fille , dont les minutes & les copies font de la main de ses Freres , sur tout de celle qui fut écrite d'avance à Toulon , & envoyée d'Aix au P. Girard. Ces difficultés se font résoluës d'elles-mêmes en jugeant le Procès. 308.

308. *Resolution commode , mais que peu de gens recevront , après avoir lû ce que nous dirons bien-tôt au sujet de ces Lettres.*

Nous avons été convaincus que le P. Girard dirigeoit toutes les démarches de sa Pénitente , & qu'en l'obligeant de lui écrire , il n'avoit d'autre objet que de se procurer des monumens propres à lui établir après la mort une reputation de sainteté , dont la Gloire devoit refléchir sur le Directeur, 309.

309. *Mais s'il se procuroit un monument, il croyoit donc que ces Lettres étoient de la main de la Cadiere ; il étoit donc trompé par ses deux Freres, dont l'un écrivoit & signoit pour elle sur la minute composée par l'autre.*

Ce qui se trouve justifié par la Lettre qu'il lui écrivit le 7. Juin, le lendemain de son entrée au Monastere. *Ecrivez-moi incessamment ce que vous avez obmis de me dire , comme je vous l'avois ordonné , & poursuivez briévement à marquer tout ce qui s'est passé en vous , reprenant depuis le commencement de vôtre état de peine jusqu'à l'entrée du Carême.* 310.

310. *Il demandoit une relation de ces prodiges pour les examiner avec soin , & pour tâcher d'en demander la cause.*

Il avoit également recommandé , & dans la même vuë , à la Sœur de l'Escot Maîtresse des Novices, de recueillir avec soin tous les prodiges qui s'operoient en la personne de la nouvelle Sainte , afin d'avoir de toute part les actes qui devoient, selon lui, *servir un jour à l'édification du Public.* (a) 311.

311. *Il n'y a rien que de louable dans une vuë si chrétienne.*

Nous avons été entierement persuadez que les Freres, gens fort simples , & dans une prévention aveugle pour leur Sœur, se prêtoient sans resistance à tout ce qu'elle éxigeoit d'eux, 312.

312. *Nous venons de raporter un extrait de quelques-unes de leurs Réponses, qui en donne une idée bien différente. (V. les Lettres p. 56)*

Et ne penetroient pas au-delà de ce qu'elle vouloit bien leur communiquer. Ils ne croyoient pas qu'il leur fût permis de penser autrement que le Public & leur Evêque , sur le Chapitre du Confesseur & de la Pénitente ; 313.

313. *C'est bien mal excuser la mauvaise foi avec laquelle ils attestoient à leur Evêque & au Public, la verité des prodiges dont l'illusion ne pouvoit leur être cachée , tels que les Stigmates , les Suspensions en l'air & le Carême passé sans prendre de nourriture , & cela de leur aveu contre les plus expresses défenses du P. Girard. (V. les Lettres p. 49. 56. & suiv.)*

Flatez d'ailleurs par le relief que donnoit déja à la famille l'honneur d'avoir une sainte exposée dès ce bas monde au culte & à la vénération des Fideles. 314.

314. *Il est juste que nous tenions compte des veritez , puisque nous relevons les supositions : Voici la seconde , ils étoient veritablement flatez par ce relief , & c'est pour en avoir été trop flatez , qu'ils sont tombez dans l'extrémité de favoriser des faux Miracles.*

(a) Recollement de 'a Sœur l'Escot 20. Témoin , & dre du Pere Girard , joints à la Procedure. les trois Mémoires des faits qu'elle avoit recueillis de l'or-

Mais s'il eût resté quelques doutes jusqu'alors au sujet du veritable Auteur des Lettres de la Cadiere, & du Mémoire du Carême ; 315.

315. Il n'y a aucun doute sur l'Auteur de ces Mémoires & de ces Lettres, puisque la Cadiere soûtient avoir tout dicté, & que les Freres reconnoissent avoir tout écrit, Originaux & copies.

Ces doutes se sont dissipez après l'audition, & la derniere confrontation de cette fille, tant elle a montré de genie, 316.

316. Ce n'est donc plus une fille simple, ignorant la difference des Sexes à l'âge de 20. ans, attribüant le plaisir criminel à des abondances de grace, regardant les baisers, les dépoüillemens à nud, les postures les plus indécentes, les attouchemens les plus orduriers, & leurs suites, comme choses saintes, legitimes & conformes à la volonté de Dieu, ainsi qu'elle ose l'assurer dans ses deux Expositions.

Et a parû instruite des maximes dont ce Directeur avoit pris soin de la nourrir, avec quelques autres de ses Pénitentes cheries, telles que la Battarel, dont la déposition est étonnante par son étenduë & par sa profondeur ; 317.

317. Cette déposition contient 15. ou 16. recits, tout-à-fait dignes des petites Maisons, elle a vû, dit-elle, étant bien éveillée, Jesus-Christ s'engloutir en elle, & n'être plus qu'un avec elle, & elle qu'une avec Jesus-Christ. Elle a vû sa propre ame en forme de petit Enfant, s'égayant comme un poisson dans l'eau, & le Sauveur paitrissant son cœur avec le cœur du P. Girard, &c. & toûjours bien éveillée, levée ou entendant la Messe : Voilà qu'elle est la profondeur de sa déposition.

Bien au-dessus des connoissances ordinaires d'une fille illiterée. 318.

318. Cette fille est pourtant la même, & la seule qui a donné lieu de dire ci-devant, que le P. Girard prêtoit le Livre du P. Surin à ses Pénitentes, qui avoit ce Livre en main lorsqu'elle reçût les bizarres Stigmates dont il est parlé dans les Lettres imprimées (p. 8.) elle n'est donc pas illiterée : cette foule de supositions afflige encore plus qu'elle ne surprend.

Voici deux principales maximes que le P. Girard leur enseignoit, & que la Cadiere nous a débitées sur la Sellete. *Ma chere enfant, lui disoit-il, (a) il en est d'une ame que Dieu a unie à lui, comme d'une toile qu'un Peintre habile a preparée pour y peindre un Tableau. Si après qu'il l'a tenduë sur son attelier cette toile faisoit des élans vers le Peintre à chaque coup de pinceau qu'il veut donner, elle troubleroit son ouvrage. Il en est de même de cette ame unie à Dieu, toutes ses prieres & ses élevations de cœur vers lui ne servent qu'à arréter l'action de Dieu ; ainsi elle doit demeurer dans l'inaction, & tendre à l'execution des desseins de Dieu, sans y rien mêler de sa part.* Elle ajoûta, que le P. Girard lui faisoit encore cette comparaison ; *Tous les Nuages qui couvrent le Soleil ne ternissent point sa lumiere, mais la cachent seulement à nos yeux ; de même les pensées impures ne soüillent point la pureté de l'ame, étant élevée au-dessus des choses terrestres autant que le Soleil l'est au-dessus des nuages.* 319.

319. On donne ici pour preuve des sentimens du P. Girard, un discours de la Cadiere étudié durant trois mois, & débité pour la premiere fois dans sa derniere confrontation, six jours avant l'Arrêt.

La Querelante s'est encore fort bien défenduë contre toutes les équivoques qu'on lui avoit faites sur les Lettres, pour la convaincre de fourberie, & elle a parfaitement concilié toutes les pretenduës contradictions qu'on lui oposoit à cet égard. (b) 320.

320. Il est juste que le Public voye un échantillon de ses deffenses, celui-ci est extrait mot à mot du Verbal du Greffier.

67. Interrogée si elle ne lui écrivit pas une lettre de Toulon dattée d'Aix avant qu'elle partit pour ce Voyage ? *A répondu, qu'elle lui écrivit une Lettre qu'elle dicta à l'un de ses Freres, sça-*

(a) *Ce qui est ici en caractere italique, est en marge à l'original de cette Piece.* Réponse de la Cadiere pardevant la Cour.

(b) Le P. Girard confronté avec le Pere Cadiere a convenu que la Pénitente avant son départ pour Olioules, lui remit les neuf premiers jours du Journal du Carême, écrits de la main de ce dernier, & il ignoroit si peu d'avoir le commencement de ce Journal que par sa Lettre du 4. Août il se plaint de la difficulté qu'elle peut avoir à le finir. Cette fille le trompoit si peu, & il sçavoit si bien qu'elle se servoit de la main de ses Freres pour écrire, que le Journal du Carême qu'elle lui remit le 21. Août, écrit de la main de son Frere l'Abbé, ne commence que le dixiéme jour, là où finissoit celui qui étoit de la main du Jacobin, & que le Pere Girard avoit déja, lui ayant été remis par cette fille avant son départ pour Olioules. Ainsi il avoit entre les mains les deux caracteres.

N

chant pour lors mettre à peine son nom. (Ce même Frere a reconnu qu'elle sçavoit écrire sur le 155. *interrogat.*)

68. Interrogée qu'est-ce que contenoit cette Lettre ? *A répondu, qu'elle contenoit tout ce qui devoit lui arriver dans ce Voyage.*

69. Interrogée comment est-ce qu'elle pouvoit le sçavoir ? *A répondu, que le P. Girard le lui avoit prédit. (Quelle bizarre excuse !)*

70. Interrogée auquel de ses Freres elle dicta cette Lettre ? *A répondu, que ce fut au Jacobin, & qu'elle la fit mettre au net à son Frere l'Ecclesiastique.*

71. Interrogée par quelle voye elle envoya cette Lettre au P. Girard ? *A répondu qu'étant arrivée a Aix , elle la fit mettre à la Poste.*

72. Sur quoi lui a été réprefenté qu'il n'est pas vraisemblable que le P. Girard lui eût demandé cette lettre , s'il lui avoit predit ce qui devoit lui arriver ? *A répondu , avoir dit la verité. (Autant valoit-il répondre , je ne sçai plus comment sauver le ridicule de mes pretextes.)*

La longue citation de la lettre (b) prouve si mal que le P. Girard connut alors l'écriture des deux Freres , qu'il est dit dans la confrontation citée , qu'il reçut l'Ecrit du Jacobin dans un rouleau sans le voir , & posterieurement à la Lettre dont il s'agit ici.

On ne sçauroit enfin faire un crime à la Cadiere du malheur de sa séduction. Les Loix si feveres contre les Ravisseurs , n'imposent d'autres peines aux victimes de leur passion que la honte dont elles demeurent chargées. C'est ainsi que nôtre Parlement l'a toûjours observé dans les accusations en rapt , & même dans le cas d'un incefte spirituel ; 321.

321. *Cet usage seroit inutile à la Cadiere convaincue d'impieté & de la plus noire calomnie ; on abandonne de nouveau ici le Prodige & le merveilleux de la Direction du P. Girard.*

Nous en avons un célèbre préjugé dans nos Regiftres , en la Cause de Loüis Gaufredi , Curé de la Paroisse des Acoules , à la Ville de Marseille. L'illuftre Monfieur du Vair , qui ne croyoit pas aux Sorciers , préfida à ce Jugement , & Monfieur le Conseiller de Thouron , dont les lumieres font encore en honneur dans ce Parlement , fit l'inftruction du Procès.

Comme ici il y avoit du Sortilege imputé à l'Accufé ; mais ayant été atteint & convaincu d'incefte fpirituel , il fut condamné à être brûlé tout vif ; 322.

322. *Il étoit convaincu d'Incefte fpirituel , & regardé comme convaincu de Sorcellerie , au lieu que le P. Girard est innocent de tous ces crimes.*

Et Magdelaine de la Palud Pénitente de ce Curé , & par lui féduite & abufée , ne fut pas même decretée. 323.

323. *Il femble que l'on ait affecté d'annoncer aux personnes du Sexe , que l'Incefte fpirituel n'est pas à leur égard un crime puniffable par les Loix ; fauffe & dangereuse maxime , qui blesse autant l'honneteté publique que l'honneur & la Religion , dont les consequences font bien plus propres à étonner des Juges Chrétiens , que les crimes imaginaires du P. Girard. [V. ci après la Notte 329.]*

Le crime de deux dont parlent les Criminalites , ne fe rencontre pas en cette Cause, parce que le crime de la Cadiere étant le pur effet de la plus forte féduction , on ne peut la regarder comme complice. D'ailleurs nous ne pouvions rien ftatuer contre l'Accufatrice , qui étoit Partie dans le Procès , n'y ayant contre-elle aucune plainte juridique , & le Pere Girard étant le feul Querelé. 324.

324. *On ne compte donc pour rien l'Arrêt qui confirma la procedure faite & inftruite contre la Cadiere , par recolement & confrontation ; il est peu d'exemple qu'on ait porté si loin le mépris de la chose jugée. (Voyez les Lettres p. 40.)*

Au reste l'on ne doit pas être furpris que la Cadiere n'ait pas été punie , les Gens du Roy avoient conclu à la mort contre elle , & les Juges qui ont reconnu l'innocence du P. Girard , l'auroient tout au moins fait enfermer pour toute sa vie , mais l'opinion des autres Juges prévalut , par la raison qu'en matiere criminelle , il faut pour condamner que l'avis le plus fevere excede l'autre de deux voix.

Jugement du Pere Cadiere, & de l'Abbé Cadiere.

On conçoit bien que le fort des deux principales Parties a decidé des autres, à l'égard defquels on s'eft affez réuni. Le Prieur des Carmes & les deux Freres de la Cadiere avoient été amenez dans la Caufe pour détruire l'accufation formée contre le P. Girard, par l'imputation d'un odieux complot, 325.

325. Voilà une accufation bien grave contre Mr. le Procureur General & Meffieurs les Commiffaires, qui feuls les ont amenez dans la caufe par leurs décrets ; heureufement le Public eft aujourd'hui en état de juger de la qualité de cette calomnie.

Dont les Auteurs prétendus font mis néanmoins hors de Cour & de Procès. Car enfin tout le crime des deux Freres eft d'avoir crû peut-être trop legerement leur Sœur d'abord comblée des faveurs du Ciel, & livrée enfuite aux puiffances de l'Enfer, & d'avoir apliqué des exorcifmes avec la même bonne foi qu'ils avoient publié les Miracles. 326.

326. Ces deux Freres n'ont été mis hors de Cour & de procez que confequemment à l'abfolution de leur Sœur, principale accufée. (Voyez pour leurs crimes & leurs caracteres dans les Lettr. impr. p. 56.)

Jugement du Pere Nicolas, Prieur des Carmes.

Pour ce qui regarde le P. Nicolas en particulier, il a fuccedé au P. Girard dans la Direction de la Cadiere, par ordre de M. l'Evêque. 327.

327. Mais à la priere des parens de la Cadiere, comme il le dit dans fa propre dépofition n. 4.

S'il n'a pas entretenu cette nouvelle Pénitente dans fes erreurs, pouvoit-on lui en faire un crime ? 328.

328. Ce n'eft point auffi dequoi il a été accufé & convaincu, il l'a été d'avoir concouru avec la Cadiere, pour faire regarder elle, l'Allemand & la Battarel, comme poffedées par l'effet du Sortilege du P. Girard, & d'avoir attefté en public la verité de cette poffeffion, en donnant pour preuve, & le Latin & le filence, dont il connoiffoit la caufe & l'artifice (V. fon caractere dans les Lettr. p. 59.)

Il n'a fait dans fa Direction, & en dépofant dans cette Caufe, que ce que fit en 1611. le P. Michaëlis, Prieur des Jacobins, Inquifiteur d'Avignon à l'égard de Magdelaine de la Palud, dont il étoit Confeffeur, en qui cependant on ne trouva rien de reprehenfible. 329.

329. Le P. Michaëlis ne revela la confeffion de fa Pénitente (car c'eft ce qu'on veut dire ici fous ces termes envelopez) qu'en confequence d'un Acte de confentement, reçu par le Commiffaire du procès, fous cette condition que la Cour accorderoit, confirmeroit & continueroit à cette fille l'affurance de n'être point recherchée ? on n'avoit point encore entendu parler alors d'impunité pour une confeffion revelée, & pour un crime auffi énorme que l'Incefte fpirituel : (Cet Acte eft raporté au Factum du P. Carme p. 49.)

Ainfi aux crimes du Pere Girard on peut ajoûter la calomnie & l'opreffion. 330.

330. Il femble que ce malheureux perfecuté ait calomnié ceux qui vouloient le perdre, & cependant il n'a jamais formé la moindre plainte contr'eux ; on l'accufe ici d'opreffion, & il a été le feul oprimé. (V. les Lettres p. 43.)

Signez, MALIVERNY, Préfident ; DE PEIROLES, DE MONTVERT ; DE RICARD, DE SAINT-JEAN, DE NIBLES, DE GALICE, DE BLANC, DE MOISSAC, LA BOULIE, Confeillers. MALIVERNY pour Meffieurs DE REGUSSE, Préfident, & DE TRIMOND, Confeiller, abfens. 331.

331. Mr. le Préfident de Grimaldi, de Reguffe & Mr. le Confeiller de Galice n'ont point été de l'opinion que l'on foûtient ici, cela paroit même par la Lettre du 11. Decembre adreffée à Monfeigneur le Chancellier qui eft à la tête de ces Motifs.

ERRATA

PAge 6. à la fin 11. *Novembre* lifez **11.** *Decembre.*

p. 15. Note 76. *de leur défiance* lifez *de fu défiance.*

p. 16. not. 82. ajoûtez , *le Curé Giraud apellé par le Frere de la Cadiere n'en ufa pas autrement;*

p. 17. not. 93. *renouvellées* lifez *renouvellez.*

p. 18. not. 95. aprés le mot *commencement* ajoûtez *ci-aprés page 27. nomb.* 157.

p. 19. not. 109. *indique* lifez *indiqua.*

p. 23. not. 133. *confeilloit* lifez *confultoit.*

p. 26. l. 2. *femble* lifez *femblent.*

p. 27. not. 155. *d'une part* lifez *du Part.*

p. 31. not. 192. *on interprete* lifez *on change.*

p. 33. not. 204. *où en eſt la preuve* lifez *où eſt la preuve qu'elle en ait produit;*

p. 36. ligne 27. *il avoit* lifez *avoit.*

p. 40. not. 255. joignez tout fans aucun à linea.

p. 41. not. 261. *opinion* ajoûtez *d'un feul Juge qui fut*

p. 42. not. 267. 117. lifez 118.

p. 48. not. 310. *demander* lifez *penetrer.*